人生戦略会議

28歳からのリアル

WAVE Pocket Series

WAVE出版

28歳からのリアル

はじめに

読者のみなさんの多くが28歳前後の方だと思います。そうではないという方でも、かつては28歳だったことがあるか、あるいはこれからほどなく28歳を迎えるはずです。いずれにしても、28歳という年齢になにかしらの意味を感じたからこそ、本書を手にとってくださったのだと思います。

では28歳という年齢にはどんな意味があるのでしょうか。少なくともそれくらいは明らかにしておかないことには、読みはじめることができないでしょう。きわめておおざっぱにいえば、28歳はすでに人生の3分の1が過ぎ去っているということです。

28歳のみなさんに残されている時間は、あと3分の2だけです。重要なのは、残りの3分の2を短いと嘆いて終わってしまうのか、それとも、もしも短いのであればとにかく急がなければならないと自らを奮い立たせるのか、です。

28年前、スマホは存在せず、携帯電話でさえまだ遠い存在。自動車が自分の判断で勝手に止まることもありませんでした。今日、不治の病には光明が差し、健康寿命という言葉もすっかり市民権を得て、老後の考え方が変わりました。テクノロジーの進化ばかりではありません。政治や経済など、世の中のあらゆる枠組みが大きく変わりました。

その一方で、東日本大震災やそれに伴う原発事故など、多くの天災・人災が、私たちの生活や考え方を再構築せざるを得ない状況に追い込みました。地球全体にまで目をやれば、まことに、キリがありません。

話が横滑りしました。つまり、28年間という時間は「好むと好まざるとにかかわらず、どんなことでも起こりえる長さだ」ということであります。ありったけの勇気を振り絞って前向きに考えれば「望みさえすれば、どんなことでも起こせる可能性を秘めている」ということです。そんな28年もの時間が、みなさんにはあと2ターンも残っているのです。

楽観論を是とする人であれば、本書にいわれるまでもなくこれまで通りに猪突猛進するでしょう。もちろん人生に保険をかけるなどは問題外のはず。一方の悲観論信者のみなさんは……いったいどうすればいいのでしょうか。

そろそろ本題に入らなければいけない時間になりました。みなさんがこれからどう生きていくかについて、万人に有効な、それこそ画期的アドバイスはありません。もちろん本書がその結果に対しての責任など負えるはずもありません。いえるのは、28歳である自分自身を見つめて、28年後を見据えてくださいということだけです。そのための道しるべとまではいいませんが、ヒントぐらいにはなると思います。決めるのはみなさんです。

どれほど視力がいい人でも、1キロメートル先にいる人の顔までは識別できません。でも100キロメートル先の富士山なら東京からでもはっきりと見えます。目標が大きければ、どんなに遠くてもそれは必ず見える。見えるものならいつかは必ず近づける。そんな青臭いことをいうと、イマドキは小学生ですら鼻で笑いとばすかもしれませんが。

28歳＋28歳＝56歳
56歳＋28歳＝84歳

残りはわずか3分の2です。あるいはまだ3分の2も残っています。

28歳からのリアル●目次

第一章

仕事

CAREER

あなたと仕事との関係は？

あなたはいま、午後2時のオフィスにいます。

今年55歳になる課長は居眠りをしているようです。かすかな電子音に振りむくと、入社したての新人クンがスマホを手に、なにやら気ぜわしく親指を動かしています。

ふと、窓の外に目をやると、ガラスに写っているのは自分の顔。そのくちびるが、こうつぶやきました。「このまま、ここに、いてもいいのだろうか？」

――答えを探すことにしましょう。あなたはこのままずっとここにいるべきなのか。それとも、ここではないどこかに向かって歩き出すべきなのか。答えは必ずあなたのなかにあるはずです。

子どものころ、僕たちを前に進めたのは「やってみたい」という好奇心でした。それが「夢」になり「希望」に育ち、いつしか「目標」になりました。

そして「現実」を生きているいま、僕たちの背中を押すのは「ルーティーン」という名のすぐれた執事であり、遠くでは「未来」という魑魅魍魎が「ここまでおいで」と手招きをしています。あせってはいけません。

まず、次の選択肢から、あなたの仕事について「いまの自分の気持ちにいちばんピッタリ合っていると思うもの」を選んでみてください。選ぶのはひとつだけです。

A　いまの仕事が気に入っている。自分に合っていると思うので、この仕事を一生続けていこうと思っている

B　これがベストかどうかまではわからないが、とりあえずいまの仕事を続けていこうと思っている

C　決して自分に合っているとは思わないが、ほかにやりたいこと、やれることもなさそうなので、とりあえずこのまま続けていこうと思っている

D　いまの仕事は気に入らないし、絶対に向いていないと思うが、あきらめて続けようと思っている

E　ほかにやりたいことはないが、とにかくいまの仕事や人間関係がいやなので、できれば早く転職したい

F　ほかにやりたいことがあるので、できれば早く転職したい

結果はどうなりましたか？　あまり深く考えすぎずに、少なくともここで立ち止まらずに、先に進むことにしましょう。

●Aを選んだ人

あなたの人生は順風満帆ですね。およそ転職などというものには縁がない人かもしれません。いまの仕事のなかでキャリアアップをねらうのがさらなる成功への近道でしょう。

●Bを選んだ人

どちらかというと「現状是認派」です。ただ、いまの仕事がベストなのかどうかを本気で悩んでいる人と、いまがベストだとは言いたくない人がいると思います。一歩、まちがうと「自分探し」の旅に出てしまうおそれもぬぐいきれません。

●Cを選んだ人

けっこう多いのではないでしょうか。「みんなだって、本当はそうなんじゃないの?」というささやきが聞こえてきそうです。しかしその一方で、「でも、それじゃいけないんだよね」というつぶやきもはっきりと聞こえます。

●Dを選んだ人

たとえ「あきらめて」でも、その仕事を続けられる理由はなんでしょうか。お金がもうかるから? 家族を養うために? 家業だから? 年齢的に? 自問してみてください。

●Eを選んだ人

Cを選ぶべきかそれともEを選ぶべきかで迷った人が多いのではないでしょうか。どちらも根っこの部分は同じです。ちがうのは不満と満足のバランスです。不満と満足がトントンか満足のほうがやや多いという人がCで、不満のほうが多い人がEです。

●Fを選んだ人

ある意味ではもっともAに近い人かもしれません。そこから飛び立った次の瞬間、まるで脱皮するかのようにあざやかに「A」になる可能性が十分にあります。成否のカギを握るのは、おそらくは、いまそこに向けてどれだけの努力をしているか、です。あとは、多少の運も必要です。

お気づきの通り、DとEの間に深いミゾがあります。ひとことでいえば、Dから右側が転職しない人で、Eから左側が転職したい人。転職指数は左に行くほど大きくなります。次に、転職指数に応じて「それではどうしたらいいのか」を考えていくことにします。ただ、転職指数がめちゃくちゃ低いAの人でも、突然、芥川賞を受賞するケースもあるということを頭に置いて、次の項目に進むことにしましょう。

転職で成功する人、失敗する人

Aの人が転職を考えるのは、いま以上の評価がほしいと強く感じたときです。要するに、実力や貢献度以下の評価しか得ていないという不満が高じたときです。

これはもう仕方がない。西川きよし師匠のようにガマンにガマンを重ねて上り詰めるか、北野武氏のように有無をも言わせぬ才能で押し切るか。失敗したときのリスクは大きいかもしれませんが、そもそも、転職で成功する人はリスクをきちんととれる人です。

では転職にベストのタイミングはあるのでしょうか。これはデータの出どころによって結論はまちまちです。また、視点の置き方によっても風景は大きく異なります。

総務省統計局の労働力調査によると、転職の結果、前の仕事よりも収入が増えた人の割合は、年齢が上がるほど激減しています。公的な統計ですから、数値は事実なのでしょうし、調査結果にも「だろうな」くらいの同意は与えられそうです。

一方、転職を応援するサイトや紙媒体を運営している大手企業の調査結果では、年齢が上がるほどに転職後の年収は大きくアップしています。それはそうです。転職で収入が下がってしまうのであれば、誰も転職しようなどとは思わず、したがってサイトも雑誌も売れません。

ここからどんな結論を導き出すのか。一般論として、あるいは統計的には、転職をするのであればできるだけ早いほうがいい。ただし、真に実力のある人であれば年齢にこだわる必要はまったくない、ということです。言わずもがなかもしれません。

BとCの人は、なにかをきっかけに転職してしまうこともあり得る反面、意外に定年まで勤めあげてしまうケースが多かったりします。仕事に対してある程度の割り切りとあきらめを持っているからです。このタイプの人が転職に大きくかたむくのは、極端に待遇が悪くなったときや、ある日突然、先行きに不安を感じてしまったときなどでしょう。

転職を考えるときには、目的を明確にする必要があります。

待遇をアップしたいのか、別の職種につきたいのか、それとも独立したいのか。目的をはっきりさせないままに転職活動をしても、どこへもたどりつけません。「ある日、森の中で熊さんに出会った私」が、「最後にみんなで大合唱」するまでには、それはそれは長い長い物語があるのです。

Dの人の転職は少し危険なニオイがします。いまの仕事に不安を持ちつつも、なんとか折り合いをつけている。天秤の左右がギリギリのところで均衡を保っているわけです。当然、支点であるあなたには、左右両方の重さがずっしりとのしかかっているはずです。どちらかに傾いてバランスをくずすのならまだしも、天秤そのものが破壊されてしまうおそれがあります。転職のための準備期間もあまりないでしょうし、それ以前に、精神的な「健康」が心配です。

Eです。いかにも現代の若者という感じで、「転職して失敗する典型的なパターン」といったところでしょうか。

結局、どんな職場に行ってもうまく人づきあいができずに、どんな仕事を与えられてもガマンができずに、ひどいときには、「朝、きちんと起きれない」などといった子どもじみた理由で遅刻を重ね、無断欠勤→解雇→再就職→無断欠勤という、最悪の無限ループを永遠にくり返し、そのたびに少しずつ、希望条件から離れた職業しか見つからないようになる危険性すらあります。まずは、早寝・早起きから、です。

Fの人も注意が必要です。「ほかにやりたいこと」は、本当に自分に向いているのでしょうか。もし、それが本当に向いている仕事ではなかった場合、Bの人と同じ状況に置かれることになります。CやDに転落する危険性も十分にあります。

いや、そんなことはないと胸を張って言える人は、それでは、自分にその仕事で成功するだけの実力があるかどうかを考えてみましょう。もし、自分に向いていて、しかも実力もあるのであれば、なぜ、いまその仕事をしていないのでしょうか。むしろ、そのほうが不思議です。

いまのその場所から逃げ出すための言いわけにしていませんか？　だいぶ意地悪な言い方になりましたが、そこまで考えたうえでなければEの人と同じになってしまいます。

さまざまな条件から転職を考えてみる

ここまでで、転職をする際には、なぜ転職するのか、いまの仕事ではどこがダメなのか、転職になにを求めるのか、どんな仕事に転職したいのか、などを明確にすることが第一歩だということがわかってもらえたでしょうか。

もちろん、それをしたからといって、必ず転職に成功するわけではありません。では、25歳～34歳で失業していて仕事が見つからない人たちの「仕事につけない理由」を見てみましょう。

1位／希望する種類・内容の仕事がない（34％）
2位／勤務時間・休日などが希望と合わない（11％）
2位／自分の技術や技能が求人要件に満たない（11％）
4位／賃金・給料が希望と合わない（8％）
4位／条件にはこだわらないが、仕事がない（8％）
　その他（27％）

——という具合です（総務省「労働力調査」2015年）。

「うわあ。この年齢でももう希望する職種にはつけないのかよ！」と思ったみなさん。はっきりいって、まだ甘いです。

希望する種類・内容の仕事がない（就けない）ということは、まだ、仕事を選んでいるということですよね。そのうえで、自分に向いている仕事が見つからないから就職しないという結論に至ったわけです。逆にいえば、内容さえ選ばなければ、明日からでもすぐに仕事にありつけるのです。

これが35歳以上になると、「自分に合った仕事がないから仕事に就けない」などと甘ったれたことを言う人は、25％以下に減ります。つまり「希望」という2文字を封印するのです。働けるのであればどんな内容の仕事でもいい。それでも4人に3人は仕事に就けないのです。

さらに悲しいお知らせがあります。年齢が壁になって就職できない人の割合が、25歳～34歳ではわずか2％なのに、35歳～44歳では9％、45歳～54歳では20％、55歳～64歳では32％と、驚くペースで増えていくのです。

「なんでもやります。好きだとか嫌いだとかいっていられません！」

「そうはおっしゃられても、○○さんの年齢だと……」

そのときにはじめて、自分がすでにタイミングを逃してしまったことに気づくのですね。

そして、ハローワークの帰り道、午前中から開店している立ち飲み屋で「黒ホッピーの中W」を痛飲してしまうのです。

暗い話ばかりしてしまいましたが、明るい話がないわけではありません。転職にも、自ら望んでの前向き転職と、倒産やリストラが原因の後ろ向き転職があります。前向きな転職に対しては「自分で決めたのだからがんばれ！」とエールを送ることができますが、後向きな転職に対しては「世の中には自分の力のおよばないこともある」ぐらいの慰めしか思いつきません。

ところが、倒産などによる離職は２０１１年の24万人から２０１５年の13万人に、リストラによる離職は34万人から13万人へと、減少しているのです。企業の倒産件数を見ても、２００９年をピークに２０１５年には半分強にまで減少しています。

これを裏付けることになるのかどうかはわかりませんが、完全失業率は２０１０年には３５０万人だったのが２２２万人に減少しています。それって、非正規雇用者が増えたからじゃないの？　とおっしゃる方がいらっしゃるかもしれません。確かに非正規雇用者は増加していますが、正規雇用者も減少からわずかながらですが増加に転じています。

このことをもって、日本の雇用状況は改善に向かっていると断言するのが危険なことはいうまでもありません。データは過去の事実であり、みなさんがどうなるかは未来の話。これから28年後、世界はどうなっているのでしょうか。ちなみに28年前はというと、日経平均株価が4万円に近づいて兜町の人々が熱に浮かされている一方で、ベルリンの壁に穴があき、天安門では時計が後戻りしました。なにが起こっても、それはみなさんの身に振りかかってくるのです。多かれ少なかれ。

転職すべきか、とどまるべきか

転職するか、それとも転職しないか。選択肢はこの2つだけです。

「いまは答えを出したくない、出せない」という人は、転職はしないということです――と決めつけてしまうのはちょっとコクですね。この段階では「いまはまだ決められない」もアリとしておきましょう。

ということで、次の3つの選択肢からひとつを、この場で決定してみてください。

①転職する

転職しようと決断したあなたは、すぐに25ページに進んでください。

②転職しない

転職しないと決心したあなたは、いまの仕事を天職と考えてとにかくがんばりましょう。

ただし問題はあります。あなたが天職だと思っているのに、仕事のほうから「辞めてくれないか」といわれることです。先ほども書きましたが、倒産やリストラです。これは、いわば不可抗力。出会いガシラの事故みたいなもの（どこかに兆候はあったはずですが）。冷たい言い方になりますが、その段階で「やっぱり転職する」ほうにくらがえするしかありません。

いずれにしても、いったんは転職しないと決めておきながらこの問題にぶち当たってしまった場合、そこには「取りもどすことのできない時間」というものが、どうしようもなく存在します。

いまこの段階で「転職する」と決めて動きだした人と、何年間かたってから動きだした人とでは、スタート時点でとてつもない差があるのです。

ただし、ひとつだけ「取りもどすことのできない時間」をプラスに転じる方法があります。それはその期間に身につけたもの、たとえば仕事のキャリアや人脈などを、次の仕事にいかすということです。

あなたがいま28歳だとして、5年後には33歳になるわけですが、そのときにいまよりも高く売れるようにすればいいのです。若さだけが売りのアイドルでしたら、5歳の加齢は間違いなく路線変更を余儀なくされるでしょう。しかし普通の仕事であれば、5年間の経験や実績は体力の低下をおぎなってあまりあるはずです。

では、何をすればいいのか。

言うまでもないことです。天職と決めたのですから、その世界でのトップを目指して、日夜、切磋琢磨するのです。そのまま一生その仕事を続けられれば、それはそれで幸せになれるでしょうし、もし万が一、転職するようなことになっても、そのときのあなたの実力は、いまのあなたの実力の比ではないのです。

③いまは決められない

では、いつになれば決められるのでしょうか。そのことを考えるために、決断を先延ばしすることが何を意味するのか、仮説を立てて考えてみましょう。

▼仮説1　先延ばししたものの、やはり転職することになった

何年か後に転職する場合、そこには「取りもどすことのできない時間」が存在してしまうことは、何行か前に書きましたが、実は大きなデメリットがあります。それは「転職しづらい」というデメリットです。単純にいえば、年をとるほど求人が少なくなるということです。

労働力調査によれば、就業者に占める転職者の割合は、15歳~24歳をピークに、年齢が上がるほどに下がっています。それも急激にです。

もちろん、その間にキャリアの上積みをすることが可能なのは、数行前に書いた通りなのですが、転職を考えながら積み重ねるキャリアにどれほどの重みがあるのかという疑問は払拭できませんよね。

▼仮説2　先延ばしした結果、やはり転職しないことになった

これにて一件落着！　と言いたいところですが、先延ばししている期間の「質」は大丈夫でしょうか。転職を前提にしてする仕事と、天職を前提にしてやる仕事では、おのずと身につくものがちがってくるはずです。

ということで、これはあらためていうまでもなくわかりきっていることなのですが、転職するにせよ、しないにせよ、なるべく早く決断したほうがいいということです。

わかりきったことをあらためて書いたり考えたりするのは、その「儀式」を通過したうえでの結論と、何も考えなかったあげくの結論では、重みに天と地ほどのちがいがあるからです。

それでは、結論は一日でも早く出したほうがいいとわかったうえで、もう一度28歳のあなたにたずねます。

転職しますか？　それともいまの仕事を続けますか？

これはもう自分で決めるしかないことなのですが、いくつかのヒントはあります。

ひとつは、いまの仕事を続けたとして、5年後の自分の姿を思い浮かべてみるということです。これがすんなりと思い描けるようでしたら、意外とその仕事はあなたに合っているかもしれません。

もうひとつは、どうして今日まで転職しなかったのかを考えてみるということです。

不安だから、面倒くさいから、家族があるから、自分に何ができるかわからないから。いろいろな理由があると思いますが、その理由をすべて打ち消せるだけの材料があれば、すぐにでも転職すべきです。

逆に、打ち消すことができなければ、その転職はまず失敗すると思います。なにを根拠に、と思うかもしれませんが、少なくともいまその仕事をしているということは、それを選んだという事実があるわけです。そこにはなんらかの理由と決断があったわけです。それらを積極的に打ち消すだけの理由と決断力と意思と思い切りがない以上、いま転職を決断する理由はどこにあるのでしょうか。

転職することは決してよいことではなく、転職しないことは決して悪いことではない。ただ、仕事を変わるというそれだけのことなのです。

転職すると決めたあなたは……

転職には大きくわけて2つのプロセスがあります。

ひとつはいまの仕事を辞めること。もうひとつは新しい仕事につくこと。退職と再就職です。2つの間には失業という期間がある場合もありますから、これを含めて3つのプロセスと考えてもいいでしょう。

また、退職や再就職という言葉は、おもに「サラリーマンからサラリーマンへの転職」の場合に使われるものですが、もちろんそれ以外の転職だってあっていいわけです。

3つのプロセスには順序があるようで実はなかったりします。通常は、退職して失業期間があって（その間に転職先を探し）次に再就職するわけですが、退職するよりも早く次の仕事が決まっていることもあります。退職したものの、再就職先が見つからないためにずっと失業期間だなんていう笑えない状況も多々あるようです。

また、3つのプロセスのなかでもっとも重要なのは、再就職、つまり、次の仕事を見つけてそれにつくことです。いうまでもなく、そのために転職するわけですから。

再就職を決める際には、まずなにをすべきでしょうか。

前にも書きましたが、それは、再就職先になにを求めるかを明確にすることです。これは、なぜ転職するのかを明確にするのと同じ作業です。転職する理由が「給料が安い」であれば、再就職先に求めるのは「いまより給料が高いこと」になるはず。「上司とそりが合わない」であれば、「そのような上司がいないこと」が条件です。ここではただ漠然と考えるのではなく、「再就職先を選ぶ際の条件」として、優先順位をつけながら書きだしていきましょう。これは大切な作業です。

書きだそうとしてみると、意外と再就職先に望むことがなかったりすることがあります。これはどういうことか。つまり、転職する理由がないということです。

あるいは、書きだしているうちに「そんな再就職先があるわけがない」ということがわかってくることもあります。「完全週休3日で、フレックスで、年収が2000万円」とか。

再就職先に望むことをすべて書きだしてください。その結果を踏まえて、状況別に見ていきましょう。

●すでに再就職先のメドがついている、あるいは決まっている

もう一度、その再就職先が、先ほど書きだした「転職の目的」を満たしているかどうかを確認してみてください。

恋愛と同じことで、いまの彼女（彼氏）とケンカをしているときなどには、ほかの女性（男性）のことがよく見えるものなのです。乗りかえてしまったあとで気がついても取り返しがつきません。大丈夫であれば、退職手続き、後任への引き継ぎ、再就職の道のりなどを粛々とこなしましょう。

●まだ再就職先が決まっていない

「望むこと」をもとに、希望する再就職先をもう少し細分化してみます。

a　同業他社への転職を希望

「不動産業」とか「自動車メーカー」とか、業種そのものは気に入っているけど、昇進速度や収入などの待遇が納得できない、上司や同僚が気に入らない、営業職から技術職へ移りたいなどの理由で、いまの会社を辞めたいというケースですね。

業界事情にくわしく、いままでのキャリアをいかせることから、比較的成功しやすい転職だといえます。反面、転職先でまた同じような不満を抱くことになり、再度転職をくり返すというパターンも少なくありません。同じ業界で同じような規模でやっている以上、どこの会社に行っても状況は同じ、ということはあり得ることなのです。その会社が本当に「転職の目的」をかなえてくれそうかどうかを明確にする必要があります。

b　異業種への転職を希望

業種そのものを変えたいというケースです。冒頭（10ページ）でF、つまり「ほかにやりたいことがある」と答えた人が、このパターンになります。心機一転、再スタートを切るわけですが、いくつかの問題点をかかえていることを忘れてはいけません。

まず、その業界が未知の世界であるということ。本当に自分に合っているかどうかは、「やってみないことにはわからない」のです。それは雇う側にしても同じことです。まったく別の分野で働いていた人を雇ったところで、本当に戦力になるのかどうか。ある程度は「賭け」になります。当然、再就職先を見つけるのは、同業他社に職を求めるよりも難しくなることが予想されます。

それから、すでにその世界で働いていた人との競争においては、大きく出遅れたことになります。28歳で転職したとすると、その転職先にいる28歳の社員は、大卒であればあなたに対して6年間のアドバンテージを持っているのです。このギャップを認識していないと、転職先の居心地はきわめて悪いものになります。自分はまだ22歳の新人なのだと思い、6年間を縮めるために必死で努力しなければならないでしょう。

しかし、その業界が本当に自分に合っているのであれば、6年間の出遅れなどまったく気にすることはありません。残り時間はまだ30年もあるのです。

c 異形態への転職を希望

サラリーマンから自営業へ、フリーターからサラリーマンへのように、勤務形態を変えたいというケースです。派遣社員という選択肢もあります。業種については、同業種である場合も異業種である場合もあるわけです。このパターンで典型的なのは独立開業です。

これについては後述しましょう。

d まったく未定

最終的にはａｂｃのどれかに分類されるのでしょうが、いまはまだ未定ということです。本来なら安易に転職してはいけないケースです。

次に考えなければならないのは、「いつ」「どのようにして」再就職先を決める（見つける）のかということです。

実はこれがもっとも大変な作業です。２２２万人の失業者がいて、そのうちの約半数が13カ月以上も仕事を探しているのに見つかっていません。失業期間が1年を超えている人が3割もいるのです。失業期間が1年を超えるということは、1年間無給ということです。その間の収入は失業保険だけです。では、失業保険がいくらもらえるか知っていますか？蓄えはどれくらいありますか？

これを知らないと転職に失敗する

転職に向かう前に、お金の話をクリアにしておきましょう。

生活に困るような状況で転職活動をすると、ハズレを引く確率が高くなります。背に腹はかえられない、というのでしょうか。納得がいかないままに再就職先を決めてしまうのです。

まず退職時にどれくらいの蓄えがあるかを知りましょう。

ひとつは預貯金などです。株式など、比較的簡単に現金化できる資産はすべて計算してみましょう。

もうひとつは退職金です。28歳だと、大卒の場合で勤続年数は6年間。会社の規模などによっても異なりますが、勤続10年未満での退職金はあまりあてにはなりません。50万円くらいから多いところでも100万円程度でしょう。なかには退職金を給料に上乗せして支給しているところもあり、そうした会社ではもちろん退職金は支給されません。自社の就業規則などで確認しておきましょう。こうして求めた貯蓄などの資産と退職金が、当面の生活資金になります。

それから失業保険です。正確には「雇用保険の失業給付」というのですが、失業すなわち再就職期間中の生活をある程度は保障してくれるものです。ただし、最近は失業者数の急激な増加のため、制度自体が危機におちいっています。それに対して「保険料の増額と給付の減額」という行政のお決まりの手法が取られていることは、新聞で報じられている通りです。それはそれとして、いったいいくらくらい支給されるものなのかを知っておきましょう。

まず、そもそも失業給付がもらえるかどうかです。失業給付をもらうためには3つの条件があります。ひとつは雇用保険に加入していたことです。退職前の1年間に6カ月以上の加入期間がなければなりません。2つめは失業していること。これは失業という言葉の意味の問題なのですが、失業保険の場合は会社を辞めただけでは失業状態とは認められません。仕事をしていなくて、かつ、仕事をする意思がなければならないのです。さらに、現実に仕事をできる環境になければなりません。家庭の事情や身体的な状態により、仕事ができない場合には、失業とは認められません。そして3つめ。ハローワークで求職の手続きをしていることです。

失業保険の給付額は資格（条件）によって多寡がある

それでは失業給付というのはいくらくらいもらえるものなのでしょうか。

先ほど書いたように、行政としては「給付を減らす」方向にあり、自己都合退職者については給付額が削減されました。一方、リストラや倒産など、本人の責任ではなく会社の都合で退職することになった「特定受給資格者（会社都合退職者）」や、身体的な問題、家庭の事情などによって退職した人は「特定理由離職者」として、優遇されるようになりました。

しかも、です。これが大問題なのですが、自己都合退職者の場合には給付がはじまる時期が、退職してから約3カ月後になります。会社都合退職者の場合、手続き後の7日間の待期期間をすぎれば給付がはじまるのですが、自己都合退職者は、7日間＋3カ月も待たされるのです。自分が好きで退職したのだから勝手にすれば？　ということです。それに、自分の意思で退職するのだから、それまでに次の就職先を見つけるなどの準備もできるはずだという理屈でもあるのでしょう。倒産には準備期間がないですから。

自分の意思で退職したとしても、労働条件があまりにも劣悪な場合には、会社都合の「特定受給資格者」に認定されることもあります。くわしくはハローワークにたずねてください。

具体的にいくらもらえるのかというと、失業給付額は、退職時の給料と年齢によって決まる「基本手当日額」と、年齢と被保険者期間によって決まる「所定給付日数」によって求められます。30歳未満で自己都合退職の場合、給料の70％前後を3カ月分程度もらえると思えばほぼまちがいないでしょう。

お金の話をまとめましょう。

まず、失業保険を「いつから」、「いくら」もらえるかがわかりました。失業保険の支給がはじまるまでは、預貯金と退職金などで食いつながなければなりません。大丈夫ですか？　もっとも、それを計算するためには、いまの自分の生活を維持するためにいくらかかるのかを計算する必要があります。これすら面倒だと感じる人は、転職は考えないほうがいいかもしれません。次に、失業保険の金額と期間と退職時の蓄えから、いつまで失業していられるかをはじきだします。6カ月でしょうか。1年でしょうか。この期間内に再就職先が見つからない場合、生活は破綻するということです。

先輩たちに学ぶ転職の「コツ」あれこれ

人は失敗と成功をくり返します。そして一度した失敗を二度くり返す確率は格段に低くなります。これを学習といいます。しかも、学習は自分ひとりだけでする必要はありません。他人の失敗や成功に学ぶことができるのも、人間の知恵です。「先達はあらまほしき事なり」吉田兼好もたまにはいいことを言います。

転職した（しなかった）先輩たちの例に、「コツ」を探してみましょう。

●退職する前に就職活動をしていたら、上司にバレてクビにされた

意外とよくあるケースです。会社を休んで面接に行くところを、たまたま外回りをしていた同僚に見つかったとか、面接に備えて茶髪を黒く染めたら理由を追及されたなどのささいな（？）ことから発覚してしまうようです。中には、応募メールを会社のパソコンから送ろうとしてまちがえて自社の総務に送ってしまったという人もいますが（実話）。

では、どうしたらいいのでしょうか。理想としては、退職までに再就職先が決まっていたほうがいいのですが、見つかったときにはいろいろと不具合が発生します。「どうせ辞めるんだから」などと開きなおって「懲戒解雇」にでもされると、次の就職に大きなマイナスになります。就職活動をするにしても、できるだけ水面下で行なうようにしましょう。

●退職する前に次の就職先が決まったのに、なかなか退職できなかった

前の例とは別のパターンですが、これもまあるケースです。法的には、退職届（退職願）が受理されてから2週間後には、問答無用で会社を辞めていいことになっています。もっとも、法をタテにできない性格だからこそ、引きとめをムゲに断れないのでしょうけど。自分の人生がかかっているのですから、このときくらいは非情になるべき。

●同業他社に転職して、前の会社のお得意さんに営業に行ったら、訴えられた

前の会社と「競合禁止契約」を結んでいると、十分にあり得る話です。そうでなくても、顧客名簿などを持ちだして営業に利用したりすると損害賠償請求される可能性があります。たとえ自分で集めたものであってもです。

●「ずいぶん転職回数が多いですね。これじゃ、うちも辞める可能性があるのかなあ」と聞かれて、「ええ、自分と合わなければ」、と正直にこたえて落とされた

〝正直〟は、就職活動、とくに面接では〝正義〟と同じようなものです。身体の中心にすえておくべきではありますが、発動するときは注意が必要です。それはそれとして、転職回数の多さはなかなかプラスには働きません。たしかに終身雇用制度が崩壊しつつあるとはいえ、少なくとも気軽に転職をくり返すような人を、会社はほしがりはしません。もし、転職回数が多い場合には、たとえば転職によってキャリアが積み重ねられてきたということを明確に表示する必要があるでしょう。

●給料はいくらほしい？　と聞かれて、正直に言って落とされた

それが本当に落とされた理由なのかは定かではありませんが、これも難しい問題です。

いくらほしい？　と聞かれて「いくらでもいいです」と答えたところ、自分に自信がないと判断されて落とされたという話も聞きます。転職がステップアップを目指している以上、前の会社の待遇以上を求めるのは、当然のことだと思います。模範的回答をあげます。

①　以前の会社ではこのような仕事をしていた（具体的に）

②　その結果、これだけの実績を上げてきた（セールス成績など具体的に）

③　この会社では、これだけの仕事をする自信がある（具体的に）

④　したがって、これくらいの給料を期待する（具体的に）

●茶髪で面接にいどんだら「それくらい自己主張できる人を求めていた」ということで、採用になった

非常にレアなケースだといえるでしょう。世の中、というより会社は、みなさんが思っているよりもはるかに古い体質が支配しています。採用というのはそのように「本人の資質や能力とは無関係なところで行なわれる」というのは、これはもうどうしようもない事実なのです。勝負は「入ってから」です。

独立に向いている人

仕事の選択肢は、「いまの会社でがんばる」or「転職する」だけではありません。ステイ、チェンジのほかに、スタートという選択肢もあります。つまり、独立開業。自分で何か商売をはじめるということです。

独立開業に向いているのは、以下のような人です。

- □すでに「当たりそう」なアイデアを持っている
- □ある分野において、人並み以上の才能や技術を持っている
- □収入なしでも、半年〜1年間くらいたえられる貯蓄がある
- □お客の候補がいる

また、会社員とちがい、独立開業では、商売に関するあらゆることを自分でやりますので、こんな要素も必要です。

□社交的である
□冷静に損得勘定ができる
□遊びよりも仕事を優先できる
□税務や法律の知識がある

以上8項目が、すべて当てはまる必要はありません。ただし、2つ3つのみという場合は、もうしばらく会社のお世話になっているほうが安全ではないでしょうか。会社は、辞めてしまったら後戻りできません。一方、独立開業は、40歳、50歳になってからでも可能です。急ぐことはありません。

また、「自由でもうかる」というイメージがある独立開業ですが、必ずしもそうとは言い切れません。勤務時間や休日などは、あなたが自由に決められます。しかし、現実問題として、仕事が入ってこなければ商売とは呼べませんので、勤務時間や出勤日数が決まっている会社員（残業代や休日出勤代もつきます）より、よっぽど長く、たくさん労働せざるを得なくなることもあります。「自由」は、「好きなときに遊べる」という意味ではないのです。「もうかる」ことと、「もうけつづけられる」も、同じではありません。目先の収入アップだけでなく、もっと先を見すえる必要もあります。

たとえば20年後を考えてみましょう。会社なら、それなりの役職を与えられ、給料も上がっていることでしょう。しかし、独立開業した場合は、いま以上に働くか、働かずにすむ仕組みをつくらなければ、収入は上がりません。

40年後はどうでしょう。会社員なら退職金をもらい、それなりに悠々自適な老後をすごすことができます。しかし、独立開業した場合は、70歳になっても現役でかせぎつづけなければならない可能性があります。かせぎつづけられるというのは魅力でもあります。

以上の点を踏まえた上で、「大丈夫。俺はがんばる!」「やってやる。見てろコノヤロー!」という人は、独立開業に向いているかもしれませんね。というのも、前述の7項目に加え、独立開業に何よりも重要なのは、

□自己管理ができる

だからです。「自己管理」とは、がんばるべきときにがんばり、ふんばるべきときにふんばり、気合いをいれるべきときに入れる力です。

個人事業か、会社をつくるか

独立開業には、大きく2つのタイプがあります。ひとつは、個人事業主として活動する方法。もうひとつは、法人（会社組織）にする方法です。

●個人事業主

とくに必要な手続きはありません。名刺をつくったり、看板を掲げたりして、「今日から個人事業主になりました」と宣言すれば、それをもって独立開業の成立です。

しいてあげれば、税務署に「開業届（個人事業の開廃業届出書）」を提出することくらいでしょうか。ただし、開業届を出さずに商売をはじめたとしても、白色の確定申告（個人で商売をはじめた場合、納税は確定申告で自己申告します）なら、とくに問題はありません。

●法人

業務内容や会社の名前（商号）、本店の住所などを役所に届けでる必要があります。

また、毎年決算をしなければなりません。お金の面で見ると、手続きにかかる費用はおよそ25万円から30万円。何よりも、資本金が必要です（資本金については、2006年から新会社法が施行され、1円からでも株式会社がつくれるようになりました）。

2つのタイプの具体的なちがいは、まず手続きの簡単さと、独立しやすさ。この点は、個人事業主のほうが優れています。一般に、「法人は税制面に優れている」と言われますが、それはケース・バイ・ケース。ここでは所得税と事業税について見てみましょう。

個人事業主の所得税率は課税所得金額（収入から経費を差し引いたもの）によって決まります。最低が5％です。さらに事業税が4％～6％ほどかかります（職種によって異なる。控除あり）。大きいのが所属税の累進課税分で、課税所得金額が4000万円を超えると45%にもなります。

一方の法人税は最大で23%ほどの法人所得税と法人事業税が課せられます。両税とも見直しが予定されていますが、おおむね30%未満。つまり、たくさん稼ぐ場合は、法人を選んだほうが税負担が軽くなるということです。

法人（1円企業はのぞく）が優れているのは、信用度です。というのも、そもそも法人というのは、社会（株主）からお金を集め、大きな事業へと展開していくための事業形態です。その信用を証明するために、資本金があります。言い方をかえると、独立する際の計画として、将来的に大きな事業に育てたい場合は、法人にしておいたほうが便利。とくに拡張計画がない場合は、個人事業でも十分です。

目標を立てるのが先。働き方を選ぶのは後

さてさて、28歳のみなさんには、どうやら「いまの会社に残る」「転職する」「独立する」という選択肢があることがわかりました。一般的な基準で比較して、生活していくうえでのリスクをさけたい場合は、「いまの会社に残る＞転職する＞独立する」。自己表現度でいえば、「いまの会社に残る＞転職する＞独立する」ということになります。

重要なのは、このいずれかから、自分の人生に合ったどれかを選択することです。

ポイントは、「目標」を決めることにあります。目標とは、「一生懸命仕事をして、○○したい」の○○に当たる部分。これが決まれば、目標達成に有利な選択肢が「いまの会社に残る」「転職する」「独立する」のどれなのか、見えてきます。

ここで重要なのが、順番です。

①目標を決める→②職場を決める

「転職してから、目指すべきところを決める」のではありません。「目指すべきところを決めたときに、転職したほうが有利である」ということです。目標が先。手段は後。好きな子がいるから、ラブレターを書くのです。明日は早起きだと知っているから、今日は早く寝るのです。

一例ですが、28歳のみなさんは、こんなことを目標としているようです。

A夫くん「お金持ちになる」

B太くん「困っている人を助ける」
C郎くん「社長になる」
D助くん「外国で仕事をする」
E雄くん「好きなことを仕事にする」

A夫くんのように「お金持ち」を目指す場合、もっともリスクが少ないのは、いまの会社で結果を出す方法です。結果を出せるよう奔走しても、「安月給で金持ちになれない」のであれば、給料の高い会社に転職することもできます。当たりそうなアイデアがあるのなら、独立も検討してみる価値があるでしょう。

B太くんのように困っている人を助けたいのであれば、道のりは困難かもしれませんが、社内で慈善事業活動をはじめてもいいですし、働きながら、慈善活動を行っているNPO（非営利団体）に参加することもできます。A夫くんのようにお金持ちを目指して懸命に働き、どーんと寄付することもできます。

C郎くんのように社長を目指す場合、まずは自分の力量と会社の規模について考えてみる必要があるでしょう。そこそこの実力しかない人が、大企業の社長になれる可能性はほとんどありません。ならば、独立開業すれば、その日からあなたが社長です。

D助くんのように「外国」を目指すなら、いまの会社で海外赴任希望を出すこともできますし、商社や航空会社、外資系企業に転職することも選択肢になります。

「好き」を理由に転職・独立するのは危険

むずかしいのが、E雄くんの「好きなことを仕事にする」です。

もしあなたが、「いまの仕事が好きじゃないから」という理由で転職や独立を考えているのであれば、ちょっと待ってください。

「好きなことを仕事にする」のは、働くうえでもっとも理想的です。でも、その難しさは多くの人が語っています。しかし、実際に「好きなことを仕事にしている人」は少数派です。また、いまは「好き」でも、人の好みは変わりますので、いつか嫌いになるかもしれません。そういう点を踏まえると、「好き」という理由だけで転職や独立を試みるのは、はっきりいってハイリスクです。

そこで、「しんぼうする」という方法があります。いまの仕事でしんぼうしながら、「いまやっている仕事を好きになるのを待つ」という方法です。

「解決策になってない！」ですか？

そんなことはありません。自分の好みをつらぬいて、社会をわたり歩いていくのは困難です。好きだと思った子が、必ずしも自分を好いてくれないのが現実です。しかし、しんぼうしながらも目の前の仕事を片づけていくと、ふと「こういう企画、おもしろそうだ」と、思わぬやる気が出てくることもあります。「つまんないなあ」と感じている作業も、本気でやればちょっとくらいおもしろく感じることもあります。給料がいいとか、職場の雰囲気がいいとか、「意外といいなあ」と感じる要素が見つかることもあります。それをきっかけに、いまの仕事が好きに変わっていくかもしれません。そう考えると、無闇に転職や独立をしてリスクを取るより、いまの場所でしんぼうするのもひとつの立派な生き方です。

世間では「好きなこと」や「やりたいこと」を仕事にするのが正しいような言われ方をしています。しかし、その発想は、フリーターのそれに近いものがあります。28歳の社会人は、「好きなことを仕事にする」という発想だけでなく、「いまの仕事を好きになってみよう」「好きになるためにしんぼうし、工夫してみよう」という発想が必要です。

「いくらしんぼうしても、仕事が好きになるとは思えないけどなあ……」ですか？

ひょっとしてあなたが好きになれないのは、「仕事」の内容ではなく「働くこと」ではは？

資格や語学も、「目標」に関係あるものを選ぼう

目標が決まり、仕事（職場／働き方）が定まったら、「材料」についても考えてみる必要があります。材料とは、資格を取ったり、英語を勉強したり、目標達成に近づくためのものです。

もしあなたが、「資格は有利である」「語学はつぶしがきく」などといった話を小耳にはさみ、「とりあえず勉強してみよう」と考えているのであれば、やはり、ちょっと待ってください。

世の中には、とりあえず資格を取ったり、とりあえず外国語を学ぶ人が増えています。

高いところを目指そうとする意識はすばらしいです。見習うべきところもあります。それが「趣味」ならばなんの問題もありません。しかし、実際に仕事に役立てようとしているのであれば、目標もなくそろえた材料は、ほとんど役に立たないのが現状です。

くどいようですが、ここでも順番が大切です。

①目標を決める→②仕事／職場を選ぶ→③材料をそろえる

「英語を学んだから、英語が使える仕事を探す」では本末転倒です。「やりたい仕事をするためには、英語ができたほうが有利である」「この職場で活躍するためには、経理関係の資格があったほうがいい」という理由から、「じゃ、勉強しよう」と考えなければなりません。

ただし注意も必要です。資格にせよ語学力にせよ、その仕事に必要不可欠かどうかです。転職に向けてなんらかの資格を取得したところ、転職先が実務経験重視であれば、資格はあまり武器にはなりません。海外での活躍をねらって英語力を高めたのに、配属先が国内の総務で、仕事で使うのはコッテコテの関西弁だったりしたら、笑い話にもなりません。

目標に直結しない資格を取り、目標に関係ない語学を学んでも、結果はいずれもお金や時間を失うことになります。

28歳のみなさんに、ムダに使っていいお金や時間はありません。資格はあくまで「補助的なもの」です。行き先が違う切符は、やりたい仕事や、いまよりもいい職場へみちびいてくれないのです。

英検やTOEICにも、同じことがいえます。そのほかの資格についても同じです。

履歴書の「資格」「特技」の欄を空欄にしておくのがしのびないと感じる人もいます。かといって、ムリにうめることが、結果としてあなたの目標を邪魔することもあります。

人事担当者は、あなたという人材を最大限に活用する方法を考え、配属します。あなたの目標や希望に関係のない「資格」「特技」は空欄のほうがいいこともあります。

再び午後2時のオフィス

じつはあなたには決して他人にはいうことができない秘密があります。

なつかしいロールプレイングゲームの主人公みたいな名前の宝くじを、ほんの思いつきで買ったところ、なんと十億円が当たってしまったのです。十六円ではなく、十億円。ゼロが9個です。

周囲を見回してみても、TVカメラはありません。ドッキリではないようです。

さあ、どうしましょうか。

わかっているのは、もう、このオフィスに通わなくても、一生、食べていけるということです。食べていけるどころか、お金で買えるものならおそらくなんでも手に入るでしょう。ふと視線を上げると、食事のタイミングを逃した56歳の課長が、愛妻弁当を美味しそうに食べています。新人クンはようやくキーボードを叩き始めました。

月島の高層マンション、ファーストクラスでハワイ、娘の海外留学……。検索はしてみたものの、いまいちピンとこない自分がいます。

しばらくはここにいてみるか。だって、夢のなかでの出来事かもしれないのですから。

第2章

結婚

MARRIAGE

「男は40歳でも、まだまだ結婚のチャンスがある」のだそうです。40歳独身の方がおっしゃっていました。

はたしてそれは、事実なのでしょうか？　それとも、負けおしみなのでしょうか？

晩婚、子なし婚、できちゃった婚、再婚など、結婚に「コレ」という基本スタイルがなくなりつつある昨今、28歳は、「自分が理想だと思う結婚」について考えはじめなければなりません。なぜか。

世間やまわりに流されるまま生きていると、知らないうちに、孤独な独身老人の世界に連れていかれるからです。

「晩婚化」にだまされるな！

石を投げれば独身にあたる晩婚化社会ですが、公的な調査などによると、男性の平均初婚年齢は30歳ちょっとです。

なんだか、裏切られた感じがしますね。「晩婚」なんて言われつつも、決して40歳、50歳の未婚者があたり前になっているというわけではないのです。なんだかんだいって、世間は30歳前後で結婚しているのです。

「地方と都会とでは事情が異なるのでは？」という方もいるでしょう。

確かに、都会には独身男女が多く、全国の平均値よりも晩婚傾向が強く出ています。しかし、それも一つの「都市伝説」。もっとも平均初婚年齢が高い東京都でも、全国平均より1歳くらい高い程度なのです

「30歳ちょいが平均なら、28歳の僕にはまだ時間がある。セーフ」という意見もあります。一理あるような気がします。

しかし、出会ってすぐに結婚するという人はまれですから、めでたく結婚するまでには、いくらかのおつきあい期間が必要ですね。仮におつきあいする期間を1～2年とすると、28歳は結婚相手の候補を見つけているか、少なくとも結婚する方向に向かって歩きだしていなければならないわけです。

もちろん、重要なのは「世間」ではなく「あなた」です。

さて、あなたはどうしたいのでしょうか？

誰と結婚しますか？　いつ、どこで式をあげますか？　子どもはどうしますか？

あなたがいま独身なのは、「結婚したくないから」ですか？　それとも、「結婚できないから」ですか？

「いつかは結婚したい」と考えているのであれば、考えなければならないことや、準備しておくべきことがあります。

「40歳になってもモテるから」なんて悠長にかまえていると、結婚したいと思ったときに準備が足りず、婚期を逃すのです。

家庭は「生きがい」？　それとも「重荷」？

「どうして」結婚するのか？

まずはこれについて、考えてみる必要があるでしょう。理由が明確でないものは、継続も繁栄もしないのです。

結婚する理由について聞いた調査などによると、「いずれ結婚したい派」の独身男女は、「精神的な安らぎの場が得られる」「子どもや家族が持てる」「愛している人と暮らせる」といった理由を上位に挙げているようです。

一方、「まだ結婚したくない派」の意見に耳を傾けてみると、結婚するよりも「独身に利点がある」と考える人が多く、28歳前後では「独身万歳！」と思っている人が大半を占めるようです。

では、独身はどんなところがすばらしいのでしょうか？

「独身万歳！」である理由は、自由で、裕福で、気楽に友人と遊べる生活ができるからです。そうそうに結婚した人のなかには、「そんな人生があったのかよ」と地団駄を踏む人がいるかもしれません。

さて、あなたは「安らぎ」と「自由」、どちらに魅力を感じますか？

子どもや家族を持つことは「喜び」ですか、それとも「背負いたくない責任」ですか？

やっぱり「愛」も大事です

結婚する理由を考えるにあたっては、「愛」の話もさけては通れないでしょう。

とはいえ、齢30近くにもなってしっとりと愛を語るのは気持ちが悪いので、手短かにさせていただきます。

28歳が愛について知っておきたいのは、「愛がある」ことと「相手に愛が伝わる」ことが、まったく別ものであるということです。

「あの人が好き」「あの人を愛している」なんてことは、誰にでも言えます。言うのは自由です。

しかし、そこに大きな意味はありません。近所のケンタくん（4歳）も、しょっちゅう「ユウコちゃんが好き」といっています。

28歳の「愛」は、言うだけでは不十分です。

「好きである。だから、二人で一生幸せに暮らせるよう、俺は仕事をがんばる」「愛している。だから、ともに健康でいられるように、おいしいものをつくる」など、行動やカタチにして愛を表現しなければなりません。「愛している」なんて言葉は、くり返し言ってもお腹がへるだけで、なんの足しにもならないのです。

さて、すでに配偶者や婚約者がいるみなさん、交際相手や好きな相手がいるみなさんに質問です。

あなたの愛は、行動やカタチになっていますか？「言うだけ」のものになっていませんか？

世の中のおしどり夫婦が仲良く暮らしているのは、「愛があるから」ではありません。愛する相手のために、それぞれが「行動し、カタチにして伝えているから」です。「思いやり」があるから円満なのではありません。思いやる相手が喜ぶような「行動をし、カタチをつくるから」、円満なのです。

愛や結婚の話はなにかと甘ーくなりがちです。しかし、「愛している」という言葉だけで50年におよぶ結婚生活を乗りきれるほど、現実は甘くないのです。

結婚相手とめぐり会えないのはなぜ？

むずかしいのは「どうやって結婚するか」です。これがなかなか手こずります。

「結婚したいけどできない人」がまず考えなければならないのが、相手についてでしょう。出生動向基本調査によると、25～34歳の独身者が独身である理由は、男女ともにダントツで「適当な相手にめぐり会わない」からです。

しかし、よく考えてみるとおかしな話ですよね。

晩婚社会ということは、10年、20年前であればとっくに結婚していたはずの人が、独身の状態で世間にたくさん存在しているということ。池のなかの魚は、ひと昔前よりも増えているはずですから、いつ何時、「適当な相手」とめぐり会ってもいいはずです。現に今日も、いたるところで候補者を見かけ、すれ違い、もしかしたら会話しているかもしれないのです。

「じゃあ、なんで俺は長いことひとりものなんだ！」

そんな声が聞こえてきそうです。

理由はいろいろ考えられますが、点と点がつながっていないのかもしれません。「独身男女がたくさんいる」という点と、「結婚相手を探している」という点を結ぶ何かが足りないということです。

みなさんは、まだ見ぬ結婚相手とどうやって出会うと考えていますか？

ある人は「同窓会で、ひそかに憧れていたあの人と再会して……」なんていうシナリオを考えているかもしれません。「上司がすばらしい女性を紹介してくれる」というシナリオを考えている人もいます。

ただ、そのような期待を抱くなら、それなりの種まきをしなければなりません。念のため確認ですが、同窓会にはしっかり出席していますよね？　上司には「誰かいい人を紹介してください」とお願いしてありますよね？

そういう準備がなければ期待は幻想で終わります。釣り糸を垂れなければ魚が釣れないように、棚の下まで行かなければボタモチが得られないように、何かを得るためにはそのための準備をしなければいけません。

誰がやるか。自分でやるしかないのです。

合コンやお見合いサイトも同じです。

「合コンなんて、何度も行ったけどブスばかり」

「ネットの出会いなんてあり得ない」

そう考えるのは自由ですが、見方を変えると選択肢を捨てているのと同じです。

職場で自然な出会いがあったり、友人が紹介してくれるなど、待っているだけで点と点が勝手に結びつくなら問題ありません。しかし、待っていても結びつかないのなら、自分で結びに行かなければならないでしょう。

実際、世の中には合コンやお見合いサイトがきっかけとなり結婚したカップルがいます。彼らは合コンに参加し、あるいはお見合いサイトに登録して点と点をつなぎました。結婚することがゴールなら、そういう準備もしてみる価値があるはず。そういった根回しや行動のことを、世間は「婚活」というのです。

最低条件は「年収500万円」だそうです

相手選びについてもうひとつ重要なのが、「適当な相手にめぐり会わない」の「適当な」の部分でしょう。「適当」とは、「妥当」「順当」、あるいは「ふさわしい」「理想的」という意味です。

では、はたして何が「適当」なのでしょうか。

男性なら、たとえば「性格・人間性」「価値観が同じ」「一緒にいると楽しい」を重視するかもしれません。「ルックス」や「家事ができる」ことを「適当」と考える人もいることでしょう。

一方、女性は別の点を見ています。たとえば「経済力がある」「安定した仕事についている」といったことを重視するでしょうし、「年に一度くらい海外旅行に行きたい」「子どもを安心して育てたい」「まわりの同年代と比較して恥ずかしくないレベルで暮らしたい」という人もいます。

あなたがいま、結婚したくてもできそうにない理由は、「外見」というDNAの不運のせいではなく、自分のがんばり（と貯金）が足りないからなのかもしれません。

何はともあれ、女性が総じて「現実的」であることは、覚えておいて損はないでしょう。疑うのであれば、まわりにいる独身女性に、こんなことを聞いてみてください。

「貧乏でカッコイイ男性」と、「お金持ちでそうでもない男性」、どちらと結婚したいか？

おそらく彼女たちは、「カッコイイほうがいいに決まってるじゃん！」と答えるでしょう。とかなんとか言いつつも、幾年もしないうちに「お金持ちでそうでもない男性」と結婚します。それが現実なのです。

では、女性はどれくらい稼ぐ男性を求めているのでしょうか？

調査によってバラつきはありますが、結婚相手に求める年収として「だいたい700万円」というデータをよく目にします。低めのところで500万円ほど、意識高い系では1

000万円以上という女性もいます。

「なにをバカな」と感じる人もいるでしょう。

民間給与実態調査によると、20代後半の男性の平均年収は400万円弱。500万円になるのは30代後半で、700万円という水準は50代になって届くかどうか。1000万円を超えている人は全男性の4%ほどしかいません。

つまり意識高い系は理想高い系であり「どうせ俺は安月給だし」と過度にいじける必要はないということ。収入が多い方が有利であることは間違いありませんが、女性が求める条件を満たす人は決して多くないのです。

見方を変えれば、いまは年収400万円でも、30代後半で500万円、50代後半で700万円に届く可能性があるのなら、それが貴重な武器になるということです。結婚は半世紀に及ぶ長い関係です。手元の給与明細をみて落ち込むなら、10年くらい先をみて仕事と貯金に励むほうがはるかに生産的といえるでしょう。

貯金も「500万円」ほど必要

女性の結婚観を見てもわかる通り、愛、夢、希望、幸福という言葉で飾られがちな結婚の裏側には、シビアで現実的な面があります。当然ながら、結婚するにもある程度のお金がかかります。

「ゼクシィ」など専門誌の調査によると、挙式から新居への引越代、家具の購入費などを含めた全国の結婚費用は400万円ほど。式は挙げない、家具も買わないという方は、もう少し少額になりますが、何もかも新たに揃えるという方は、500万円くらい必要になるかもしれません。

「俺、貯金なら500万円くらいある」という人は、ひと安心ですね。相手さえ決まれば、トントン拍子に進める可能性大です。一方、「100万円なら持っているけど……」という方は、急に足取りが重くなるかもしれません。

もっとも、結婚と同時にトラの子の400万円が丸ごと消えてなくなるわけではありません。式を挙げれば、半分くらいのお金は御祝儀として戻ってきます。また、男ひとりで

400万円準備するわけではなく、夫婦の貯金を合わせることもできるでしょう。結婚は共同作業が前提ですから、一時的にでも400万円を用意できれば、結婚に踏み切ることはできるのです。

夫婦の貯金を足しても届かないという場合は、親に借りる（あるいは、もらう）という方法もあるでしょう。

え？　親と仲がよくない？

よけいなお世話かもしれませんが、仲直りしたほうがいいかもしれませんね。結婚における親子の関係は、たんにお金の話だけでなく、家族が増えるということですので。

「事実婚」における権利と義務

イレギュラーなケースについても考えてみましょう。

たとえば、「好きな人と一緒に暮らすけど、籍は入れない」というケース。いわゆる「事実婚」です。

日本の法律は夫婦別姓を認めていませんので、婚姻届を出すと、どちらかが改姓する必要があります。とくに最近は、「結婚も仕事も両立させたい」という女性が増えていることから、姓が変わるのがネックだと感じている人も多いようです。

「そう思うなら結婚しなきゃいいじゃん」と言ってしまえばそれまでです。しかし、「姓が変わる」というデメリットは、ほかにも考えられます。カナコさんにプロポーズしたい大場くんの心中や、真紀さんと結婚したい磯部くんの苦悩も、なんとなくわかるでしょう。岡くんと恵理さんなら、ほほえましい家庭が築けそうですが、浅井くんと愛さんの行く末は非常に不安です。こうした場合にも、事実婚による夫婦別姓がひとつの解決策になるのです。

事情はそれぞれとして、社会は意外と事実婚に寛容です。住民票を同じ住所にする際、続柄を「妻（未届）」にし、その上で、長期間の同居が成立していれば、社会的に妻とみなされるケースもたくさんあります。

公営住宅にも入れますし、健康保険の受給権も問題なし。遺族年金も内縁の妻に支給されます。戸籍上の妻でない場合は相続権がありませんが、死亡者が遺言を書いておけば、遺産相続もできます。

民間サービスでは、保険をかけることもできますし、クレジットカードもつくれます。携帯電話の家族割引サービスも受けられますし、銀行口座も、一つの口座でそれぞれの姓名のキャッシュカードがつくれます。

デメリットはないのかといえば、たとえば、配偶者控除は受けられません。また、子どもは戸籍上、非嫡出子となります。

もちろん、事実婚は「事実上の婚姻関係」であるわけですから、法的にも婚姻関係とほぼ同じ義務が生じます。

「浮気しても大丈夫」というわけではありません。貞操義務（民法７６０条）がありますし、守らなければ、内縁解消による損害賠償責任が発生します（民法７６８条）。ほか、以下についても、普通の婚姻と同じです。

□夫婦の同居・協力扶助義務（民法７５２条）
□日常家事債務の連帯責任（民法７６１条）
□夫婦財産制に関する規定（民法７６２条）

□離婚時の厚生年金分割（社会保険庁の規定）

できちゃった婚は20代前半に多い

「できちゃった婚」がふえているとはいえ、まだイレギュラーなケースといえるでしょう。

できちゃった婚のことを、アメリカでは「ショットガン・ウェディング」といいます。おそらくは、「テメエ、しっかりオトシマエつけるんだろうなぁ！」てなことで、ショットガンをつきつけるオヤジさんに結婚を約束させられるのでしょう。物騒な話です。

日本では最近、「おめでた婚」と言いかえる人もいるようですね。「できちゃったかぁ。しょうがねえ、結婚するか」という考え方が「おめでたいねぇ」という意味ではありませんので、念のため。

国民生活白書を開くまでもなく、日本のできちゃった婚率が増加しているのはご存知の通り。しかし、「じゃあ、俺も……」と考えるのは早計です。できちゃった婚が増えているからといって、ネコもシャクシも先にできちゃっているわけではないのです。

できちゃった婚は、20代がほとんどです。とくに20～24歳が多く、過半数ができちゃった婚という驚愕の数字も出ています。しかし、30代になると20％台に減ります。大人になるほど計画性も高くなるでしょうから、まあ当然のデータといえるでしょう。

また、意識面で見ると、世の中は「できちゃった婚」に否定的です。できちゃった婚がマジョリティである20～24歳でも、できちゃった婚に肯定的な人は1～2割ほど。これが何を意味しているかというと、できちゃったカップルの3～4割は、「ホントは望んでいなかったできちゃった婚」をしているということです。

30代の肯定派はさらに少数です。やはり、基本的にはできちゃった婚に「ノー」であり、「おめでたい」なんて言われたくないのですね。

にもかかわらず、なぜできちゃうのでしょうか。

理由は簡単で、「俺は大丈夫だろう」「今日は大丈夫だろう」という意識がそもそもの発端。自動車教習所でも「もっとも危ない」と教わる「だろう」的な発想です。愛（性欲）のアクセルを踏みこんじゃうから、「じゃあ、このままで」ということになり、「あ、しまった」ということになって、子どもができて、親になるわけですね。コワイ話です。どのへんが「おめでたい」んだか、不思議です。

「合う」と思って結婚し、「合わない」と感じて離婚する

結婚を真剣に考えるにあたっては、「離婚」についても考える必要があるでしょう。とくに最近は離婚率が高くなり、若くても熟年でも決して人ごとではありません。

ちょっと想像してみてください。結婚して数年がたち、残念ながら相手への愛情が薄れてきたとします。

さて、あなたは離婚するでしょうか？　それとも、一緒に暮らすでしょうか？

統計によると、「離婚やむなし」と考えている人のほうが「一緒に暮らすべき」と考える人よりも多いようで、世の中は離婚に肯定的です。

かつては一生の「契り」であった結婚も、いまでは愛情の増減で解消できる「契約」にすぎません。それもまた現実です。

では、いったいなにが不満で、離婚を考えるようになるのでしょうか？

独身者が予測する、「将来、俺はコレが原因で離婚するかもしれない……」の第1位は、男も女も同じで「性格の不一致」です（司法統計年報などによる）。浮気や暴力、借金といっ

た致命的な「何か」が原因になるのではなく、「合わない」という理由で別れるわけです。おかしいですね。「合う」と思ったから結婚したはずなのに。

次いで多かったのは、男性は「相手の浮気」「金銭問題」「自分の浮気」（おいおい！）の順、女性は「相手の浮気」「暴力・飲酒」「精神的虐待」の順です。

離婚は結婚する前に予防する

離婚率が高いご時世ということもあり、近年は離婚する人たちをフォローする制度も整いつつあります。年金分割制度もそのひとつです。

「将来、ホントに年金もらえるの？」という問題は、話が進まなくなるので無視させていただきますが、みなさんの結婚生活には、おそらく「離婚時の第3号被保険者期間の厚生年金の分割制度」という制度が影響するかと思われます。

制度の内容を簡単に説明すると、これまで、会社員と専業主婦の夫婦が離婚した場合、夫だけが厚生年金を受給し、基礎年金しか受給できない妻が生活に困るというケースが起きていました。年金は基本的に納めた人に支払われる仕組みだからです。しかし今後は、夫の会社を通じて納められていた厚生年金が、自動的に「夫に半分、妻に半分」に分割されて支給されるようになったということです。

この制度で喜ぶ（というか、助かる）のは、女性です。「年金不安のせいで離婚したい気持ちを我慢しなくてもよくなった」ということですからね。簡単にいえば、ヘボ旦那に三行半《みくだりはん》を突きつけるうえで、法的なうしろだてが整ったということです。

結婚について真剣に考えはじめるのも、離婚を真剣に考えはじめるのも、女性のほうが先です。男性は、つきあっている彼女に「そろそろ結婚について話しあわない？」と言われるときも、愛妻（だと思っていた女性）に「ここにハンコ、捺《お》してちょうだい」と離婚届を突きつけられるときも、いつも「青天の霹靂《へきれき》」です。ボーッとしているからそうなるのです。

おそらく夫は、こっそりと離婚の準備を整えている妻に気づかないでしょう。そして、ある日突然、離婚宣言を受け、うろたえることでしょう。Xデーの候補としては、「コイツうっとうしい」と思われたときだけでなく、子どもが成人したとき、退職金を得たときなどのタイミングが考えられますが、いずれにせよ、「え？　なんで？」と、アタフタするあなたの姿が目に浮かんでしまって、すみません。

では、予防策はないのでしょうか？

結婚してから、「まさか目の前で屁をこくとは！」「こんなに寝顔がみにくかったとは！」といったサプライズに後悔しないよう、最近は「同棲」する男女も増えているようです。

ゼクシィなどの調査によれば、同棲を経て結婚したカップルは3組に2組以上もいるのだとか。恋愛と結婚の境界線がよけい曖昧になる気もしますが、戸籍が汚れるのを防ぐために、結婚生活の「お試し期間」として活用しているケースも多いようです。

子どもはやっぱりお金がかかる!?

できちゃった婚の話を先にしてしまいましたが、結婚というテーマと向き合う場合、子どもについても十分に考えておかなければなりません。子どもをつくるかどうか、つくるのであればいつなのか、どういうふうに育てるのか、といったことです。

世の中の多くの人は、「子どもがほしい」と考えているようです。人口問題研究所などの調査によると、独身者が希望する子どもの数は、男女とも2人くらい。しかしながら、日本の合計特殊出生率（ひとりの女性が生涯で産む子どもの数）が、1・3〜1・4人ほどで低迷しているのはご承知の通り。世の中の多くの人は、「ほしい、でもつくらない」という道を選んでいます。ちなみに、長期的に人口を維持するためには、合計特殊出生率が2・07以上必要だといわれています。

さて、「ほしい、でもつくらない」の大きな原因として、お金の問題があります。小耳にはさんだことがあるかもしれませんが、子どもを育てる費用は決してお安くありません。

統計によると、子どもひとりを成人させるまでにかかる費用は、およそ1300万円。夫婦ふたりの生活費とは別に、子どもひとりを育てるお金として1300万円用意しましょうということです。

「なんだ、そんなもんか」ですか？　それとも「ええ、ムリだよ」ですか？

ざっくりと内訳を見てみると、生活費や洋服代などがおよそ700万円、教育費が500万円（公立の場合）。その他、おこづかい、携帯電話代などがかかります。また、年齢ごとの支出で見ていくと、子どもが18〜21歳になったあたりがピーク。30歳で子どもを持ったとしたら、50歳前後で支出が最大になるということです。

そのころ、みなさんは何をしているでしょうか？

「部長になってそこそこの年収を得ていると思う」のであればよいのですが、―いまとたいして変わらないと思う」のなら、子づくり計画と貯蓄計画を並行して考える必要があるでしょう。子育て用に積立口座を開いたり学資保険を使ったり、方法はいろいろですが、コツコツと貯めていかなければなりません。ほぼ１００％の確率で必要になることがわかっているわけですからね。

また、ふたりめを持つ場合は、追加で１０００万円くらいかかります。お古のおもちゃや洋服があったり、やりくり上手になったりして、ひとりめほどはかからないようですが、合計するとちょっとした一戸建てが買えるくらいの金額になります。

「ウチは3人めまでいく！」という方や、「次こそ女の子がほしい！」となってしまうかもしれない方のために紹介しておくと、3人めを育てる平均費用は８００万円前後。合計すると新築の家と車が買えるくらいの金額です。

困ったときは、国、親、妻に甘えよう

と、こういうことばかり書くと、「子どもはお金がかかる。じゃあ、いらない」という結論になってしまいがちです。しかし、出産には国や自治体が経済的に援助するシステムもあります。一例を挙げると、こんなものがあります。

□出産育児一時金（自治体によって増減あり）
□出産手当金（健康保険に加入していることが条件）
□児童手当（親の所得によって制限増減あり）
□乳幼児の医療費助成（自治体によって金額と期間に増減あり）
□育児休業給付金（雇用保険の加入が条件。育児休業終了後に退職する場合は対象外）
□失業給付金（雇用保険に加入していたことが条件）

出産や育児にはお金がかかりますが、こうした補助を受ければ、破産するようなことにはならないでしょう（希望的観測）。また、出産は医療費控除の対象にもなりますし、扶

養家族が増えるわけですから、扶養控除の対象にもなります。

それよりなにより、子どもは「お金にできない価値がある」という考え方もあります。親になった多くの人が、プライスレスだといっています。

もしあなたもそう感じるのであれば、ぜひとも前向きに検討してみてください。収入が少なくても、子どもの希少価値が高まっている昨今では、両親＋双方の親で「6つの財布」なんてこともいいます。援助してくれる人もいるでしょう。また、保育園に入れれば共働きもできますし、むしろそれが主流になりつつもあります。

そういう意味で、28歳はまだ若いのです。社会人としてはそこそこの年齢でも、親になるのは未経験。自分でなんでもやろうとするから無理に感じるのであって、お金の面では、国や自治体を頼り、多少は親や妻に甘えたって許されるのです。

この先50年を見すえて、悩んでみよう

ここまで、結婚を「する、しない」の決断にはじまり、お金、子ども、離婚など、面倒

くさいことをひととおり見てきました。28歳が、結婚を真剣に考えるべき「適齢期」であることは、なんとなくでも感じていただけたことかと思います。

では、最後にあらためて聞きましょう。

あなたは結婚するつもり、ありますか？

「ある」という方は、そろそろ動き出しても遅くはありません。いまからコツコツ準備をはじめれば、30歳くらいで幸せ（で、安全）な結婚生活がスタートできるはずです。

「なんだか結婚したい気分になってきた」という方は、なおさら動き出したほうがいいでしょう。「好きだなあ」「大切だなあ」と思う人と一緒にいられる期間は、長く見積もってもあと50年です。そういう人とともに、1日でも多く、人生を一緒に楽しく生きていこうと考えるのは、きわめて普通のことです。「面倒くさいなあ……」「もうちょっと先で……」なんて渋る理由はありません。

「まだ悩んでいる」という人は、納得いくまでとことん悩んでください。結婚は、人生のなかでもじつにヘビーな問題です。ここで悩まずして、どこで悩むのかってくらい、悩まなければなりません。

もちろん、人生、先のことは誰にもわかりません。真剣に悩めば幸せに結婚できるという保証はありませんし、失敗することもあります。しかし、あまり考えずに結婚して失敗するのと、真剣に悩んだ末に結婚し、失敗するのとでは、自分のなかでの納得度がちがいます。

いま、28歳の時期に結婚について悩むということは、今後50年間の結婚生活だけでなく、残りの人生の納得度にも影響する重要なことなのです。

第3章

お金

MONEY

28歳になると、物欲のおもむくまま買いものをしたり、ついつい熱くなってギャンブルに生活費をつぎ込んでしまったり、あとさき考えずにローンを組んで高級スポーツカーを買ったりということは、あまりしなくなります。少なくとも、すべきではないということには気づきます。それが28歳です。

それでは28歳と30歳では、あるいは20代と30代とで、お金との関わり方はどのように変わっていくのでしょうか？　というのが、この章のテーマです。

28歳からのお金との関わり方

最初に、みなさんが平均的な28歳なのか、それとも28歳としては異例なのか、そこから見ていくことにしましょう。

28歳にもいろいろな人がいます。一芸に秀でて億単位のお金を稼ぐ人がいれば、大学卒業後、フリーターで日銭を稼いでいる人もいます。両極端ですね。平均を見ると、男性の年収は20代後半でだいたい４００万円弱です。

どうですか？　これよりかなり少ない人も多いかもしれません。でも「そうかあ、平均よりも○○万円も少ないのかあ」くらいに受けとめておけばいいでしょう。28歳はマラソンでいえば競技場を出たばかり。これから先の社会人生活のほうが長いのだと考えれば、いまの順位など気にすることはありません。もちろん平均を大きく上まわる人もいるでしょう。でも「ふっ。オレって勝ち組」などと、決して人前ではいわないように気をつけましょう。

次に貯蓄です。銀行、郵便局、貯金箱、貯金と名のつくものはすべて集計してみましょう。全国平均からおおざっぱに計算すると、平均的な28歳の貯蓄残高は約２００万円です。ただ、これもひとつの目安であり、家族の有無や収入状況などによって差が出ますので「みんなはそれくらい持ってんだ」くらいに捉えておけばよいでしょう。

30代を乗りきるのに必要なお金とは！

平均を見ると、自分の「傾向」のようなものがおぼろげながらわかることでしょう。傾向とは、日々のお金との向き合い方のことで、たとえば「オレって思っていたよりも貯蓄体質なんだな」とか、「浪費家だと思っていたけど、やっぱりね」とか、「高校しか出ていないけど、がんばってるな」とか。

問題は「ここから先」です。自動車で長い旅をすることをイメージしてください。ある人の自動車はスタイルはいいけど異常に燃費が悪く、またある人の自動車はスピードは遅いけど燃費がいい。特徴はそれぞれ。年齢やライフスタイルに応じて良し悪しもあります。どんな車に乗っているにせよ、重要なのはその車でホントにいいのかどうかです。

それを頭の片隅に置きながら、30代からのお金とのつき合い方について考えてみましょう。30代になるといったい何が変わるのでしょうか。もしかしたら、その自動車だと目的地にたどりつかないかもしれません。快適な旅ができないこともあります。少し先を見てみると、買い替えどきは「いま」かもしれないのです。

お金の面から30代をイメージしてみると、まず結婚という問題が持ちあがってきます。「結婚」についてくわしくは第2章を読んでいただくとして、28歳はまさに「ど真ん中」です。では、結婚をするとお金との関係はどうなるのでしょうか。まず、結婚自体にお金がかかります。およそ700万円。これには、結婚式だけでなく新婚旅行や新生活のための引っ越しや家具・家電製品の購入代金も入っています。ただし、親からの援助やお祝いがもらえますから、自己負担額は300万円ほどです。それから、ふたりで生活することになるわけですから、生活費は2倍とまではいかないまでもひとりのときよりは多くかかるようになります。もちろん、共働きをするのであれば収入も増えるわけですが。

次に子どもという問題が発生します。

子どもなんかいらない！　という人も可能性として聞いてください。子どもが生まれれば莫大なお金がかかります。たとえば教育費です。文部科学省の調査によると、幼稚園から高校まですべて「公立」に通ったとして、最低でも500万円くらいはかかります。食費などは含まずにです。すべて「私立」に通うとなるとおよそ3倍の1600万円は必要になります。

すると家の問題が発生します。

子どもが小学校にでも入れば、「そろそろこの子にも勉強部屋を」という話が出てきてもおかしくはないでしょう。朝刊に折り込まれていた「3LDK／5000万円台！」という広告を妻がテーブルの上に広げて「これなんかどうかしら？」とあなたの目を見ずに言うのです。さあ、どうしますか？

場合によっては突然、転職という問題が発生することもあるでしょう。念願のマンションを手に入れたと思いきや、突然のリストラ。ないとは言い切れませんよ。子どもが生まれて以来、奥さんに仕事を辞めています。家のローン、子どもの教育費、どうしましょう。それ以前に、どうやって食べていきましょうか。

これはあくまでもひとつのパターンにすぎませんが、30歳をすぎると身の回りが騒がしくなってくるのは事実。生涯独身！ 子どもはつくらない！ 住まいは一生賃貸！ 一汁一菜！ 質実剛健！ という人だって、リストラされることまでは防ぎようがないはずです。「自分は大丈夫！」という人だって、会社が倒産することまでは予測できないのです。だからこそ「ここから先」を見据えて、「このままでいいのか」あるいは「どうすればいいのか」を考えなければいけません。考えるのを放棄したり後回しにするのは楽ですが、そのせいでズルズルとお金のない人生が続き、結婚、出産、住宅購入といったライフイベントや、仕事や老後にまで悪い影響が広がるかもしれないのです。

ということで、まずは①「いつごろまでに」、②「いくらくらい」ためればいいのかを考えてみましょう。とりあえず自分が生きていくこと以外に目標はないという人のために、当面必要な「リストラ（もしくは転職）に備えての生活資金」について、少し寄り道します。生涯独身の人で子どもはつくらないという人も、このリスクだけは不可避ですから。

では、「リストラ（もしくは転職）に備えての生活資金」には、いったいいくらあればいいのでしょうか。それを知るためには、いまの生活費がどれくらいかかっているのかを知らなければなりません。つまり、いま乗っている車の燃費を知るということです。

ここで登場するのが「家計簿」です。おそらくですが、28歳の健康な男性というのはあまり家計簿などはつけないものでしょう（家計簿をつけている28歳の男性が不健康だなどというつもりは毛頭ありませんけど）。しかし、30歳としてのお金との関わり方を考えるためには、家計簿のようなものが必要なのです。もちろん、スーパーでネギを1把128円で買った、なんてレベルのことまで知る必要はありません。家賃にいくら、食費にいくら、光熱費にいくらくらいのレベルでいいのです。領収書を保存している人なら、直近の1年間をまとめるだけでいいでしょう。あればあるだけ使ってしまうという人は、向こう3カ月分の家計簿をつけてみてください。それであなたの「燃費」が把握できるはずです。

その金額（月額）に、転職にかかりそうな月数をかけたものが、「リストラ（もしくは転職）に備えての生活資金」です。仮に、毎月の生活費に30万円かかる人が、転職に6カ月間かかるとすると、30×6で180万円は必要だということです。では、いつごろまでにいくら貯めたらいいのかの目標を立ててみましょう。概算です。

結婚資金↓□歳までに300万円
教育資金↓□歳までに500万円
家の頭金↓□歳までに800万円（購入金額4000万円の20％）
リストラ対策資金↓□歳までに□□□万円

こうして目の当たりにしてみると、なかなかプレッシャーがかかるものですね。現状として実感がわかなくても、貯められる気がしなかったとしても、概算の金額はいずれ必要になるでしょう。結婚資金や教育資金はすでに結婚した人の平均値ですし、住宅購入のための頭金も、買うのであれば必要です。「結婚式にそんなにお金をかけるつもりはない」という人もいるでしょうが、子どもが私立幼稚園に通う可能性もあるし、驚くほどの音楽的な才能があってバイオリンを習い始めるかもしれません。リストラが予想外に早く訪れることもあります。

いくら蓄えがあっても足りないですよね。いったいどうすればいいんだ！　ですよね。

では、その不安と不満を抱えたまま、次の項に進むことにしましょう。

お金を増やす3つの方法

お金を増やす方法はたった3つしかありません。「収入を増やす」「支出を減らす」「運用して増やす」です。

まず、収入を増やすことを考えてみましょう。結論からいうと、収入アップは簡単ではありません。成績を上げる、昇進する、残業をするなどの努力が不可欠で、努力したからといって必ず収入アップにつながるとは限りません。即効性がある方法として給料が多い会社に転職することもできますが、給料が減る可能性もありますし、転職活動中に貯金が目減りすることもあります。

なので、この方法はいったん脇に置きます。

次に、支出を減らす方法についてです。これは前ページで把握した自分の「燃費」をどうにかするしかないでしょう。いくら努力して稼いでも、使い方がザルではお金は貯まりません。貯金は基本的には収入と支出の差額ですからね。

現状としてお金が貯まっていないとすれば、もらったお金をそっくりそのまま使っているということです。「その日暮らし」に近いといってもいいでしょう。

その状態から抜け出すには、どうにかして支出を減らす必要があります。たとえば家賃が安いところに引っ越すことができますし、携帯電話を変えることもできます。日々の昼食を弁当にしてもいいでしょうし、夜のお酒を半分にするのもいいでしょう。

いずれにしても、生活そのものを見直してみることが大事。お金が垂れ流しになっている部分を改善し、自然とお金が貯まっていく生活に変えることが重要なのです。

それができたら、3つ目の「運用して増やす」という方法を考えます。貯金が収入と支出の差額であるのに対して、運用は元本となる貯金と利回りの掛け算です。いくら高利回りの金融商品を見つけたとしても、元本がゼロでは何の意味もありません。

つまり、まずは元本を作ることが大事だということ。

では、いくらあればいいのでしょうか。

元本は多ければ多いほどいいのですが、あまり大きな金額を目標に掲げても、目の前に立ちはだかる壁の高さに打ちひしがれるだけです。気分が悪くならない程度で、しかもいままで手にしたことがない金額を目標にしましょう。150万円くらいが適当でしょうか。それから「期限」です。○歳までにということも明確にしておきます。

元本が自然と貯まる仕組みを作る

目標金額と期限が決まれば、次に計画を具体的に考えます。そこで有効で簡単なのが、給料をもらったらすぐに一部のお金を元本にまわしてしまうことです。貯金がない人のほとんどは、「節約して給料日前にあまっていたら貯金しよう」と思っています。しかし、それができないから現状として貯金がないわけですよね。ですから、給料をもらったらすぐに貯金し、そのなかの一部を元本にし、残ったお金で生活します。

先に貯めて、残りで暮らす手段としては、給料天引きの積立預金などを使うといいでしょう。では、いくらずつ貯めていけばいいのか、ちょっと計算してみましょう。

1年間で100万円を貯めようと思ったら、月々8万3333円ずつ貯めなければなりません。なかなか厳しいですね。ボーナスを併用すると——仮にボーナスから20万円×2回分を貯金するとすれば、月々の積立は5万円でいいことになりますが、景気動向に左右されるボーナスをアテにするのは考えものです。

まずは月々の手取りから貯金し、ボーナスはオマケくらいの感覚でとらえ、残ったお金で生活が成り立つように支出（燃費）を見直すことにしましょう。

貯金と元本には手をつけない

自動引き落としの積立預金などを使えば、貯金は自然と増えます。そこで重要なのは、できる限り手をつけないことです。

28歳の人ならすでに経験則としてわかっているでしょうが、お金は貯まりづらく、なくなりやすいものです。貯まるまでに相当の時間がかかりますが、使うのは一瞬。「ちょっとくらい使ってもいいだろう」という気の緩みが、何ヵ月、何年という努力の蓄積を「なかったこと」にしてしまいます。

ですから、安易に使わないことが鉄則。貯金と生活費を明確に分けることが大事です。例外は、貯める目的を達成するとき。つまり、結婚資金として貯めてきたお金を結婚式のために引き出すとか、住宅ローンの頭金として貯めてきたお金を住宅購入の際に引き出すといったことです。言い方を換えると、結婚資金や頭金として貯めてきたお金を、別のことに使っちゃいけないということです。

もうひとつ例外があるとすれば、どうしても生活が立ち行かなくなったときです。人生は何が起きるかわかりません。急にまとまったお金が必要になることもあるでしょう。その時はやむを得ませんから引き出し、めげることなくもう一度貯め始めましょう。

貯金から捻出する運用の元本についても同じです。どれくらいの額を運用するかは人それぞれですが、そのお金は基本的には触りません。

元本とは運用のタネ（銭）であり、将来的に美味しい実をつけます。その実から新たなタネがとれれば、さらにたくさんの実が収穫できます。この繰り返しが運用です。

しかし、その前に手をつけてしまうとどうなるでしょうか。タネを掘り起こしてしまえば、実はできません。茎や根っこを食べてもまったく美味しくないはずです。

「もしかしたら引き出してしまうかも」という人は、引き出す可能性がないくらいの額を元本にしましょう。

「数年後に結婚する。その時に現金がいる」という人は、結婚にかかるお金を計算し、その分は貯金として保有して置きつつ、残りのお金を元本にしましょう。

そこさえ押さえておけば、長期的にはお金が増えていくはずです。また、天引きする、残ったお金で暮らす、貯金や元本に手をつけない、翌月もちゃんと天引きするという生活を続けていくことで、お金を貯める・使う・増やす習慣が変わり、着実に貯金できる体質に変わっていくのです。

「使う」「貯める」「増やす」にわけて考える金融基礎商品

貯金と元本を自然と生み出せる仕組みを作ったら、次は安定的かつ効率的にお金を増やす方法を考えてみましょう。まずは、いま持っているお金（口座に入っているものも全部含めて）を3つに分けてみましょう。

①使うお金　（＝いつでも引き出せるお金）

②貯めるお金（＝ある時期がきたら引き出す予定のお金）
③増やすお金（＝しばらく使う予定がないお金）

①使うお金（＝いつでも引き出せるお金）
「使うお金」とは、再来月分くらいまでの生活費や家賃など、日々の生活に必要なお金。これらは、「財布代わり」になる銀行の普通預金口座や郵便局の通常貯金口座に入れておきましょう。

金額の目安は、家賃の5カ月分か、給料2カ月分くらい。あり金すべてを財布に入れて持ち歩く人がいないように、「使うお金」以外は、「貯めるお金」や「増やすお金」にまわしましょう。

②貯めるお金（＝ある時期がきたら引き出す予定のお金）
「ある時期に引き出すお金」とは、結婚資金や車の購入資金など、使い道が決まっているお金。これらは、まちがって使っちゃったり、バクチで減らしたりしないよう、「金庫代

わり」になる定期預金口座や積立預金口座に入れておくと安心です。預ける期間は使う時期から逆算して決めましょう。

③増やすお金（＝しばらく使う予定がないお金）

「使うお金」と「貯めるお金」が十分に確保できれば、日々の生活と人生計画は安定します。ただし、そのままでは、貯蓄総額はなかなか増えませんので、「使う」予定も「貯める」必要もないお金は、「③増やすお金」として運用にまわしましょう。

主な運用の選択肢としては、次のようなものがあります。

〇国債・地方債（証券会社）　元本割れリスク▽有（小）／リターン期待度▽小

国や地方自治体に投資する商品。投資商品のわりに元本割れリスクが小さく、しかしながら、銀行の定期預金よりも利回りがよい人気商品。国や自治体が元本と利子を保証してくれます。代表的な商品としては証券会社や銀行などで購入できる「個人向け国債」があります。ただし商品によっては購入・申し込み期間が決まっていたり、人気商品のため「売り切れる」ことがあります。

○投資信託（銀行・証券会社）　元本割れリスク▽有（小）／リターン期待度▽小

別名、ファンドといいます。投資家から集めたお金を、投資のプロが運用し、利益を投資額に応じて配分してくれる仕組みです。投資先は、国内外の株式や債券など。商品によってリスク（とリターンの期待率）が変わります。

○株式投資（証券会社）　元本割れリスク▽有（中）／リターン期待度▽中

投資信託が、プロが運用する投資であるのに対し、自分で投資先を選び、自分のタイミングで売り買いするのが株式投資です。銀行の預金に「利息」がつくように、株式を保有している人（株主）には配当が与えられます。また、株価が安いときに買い、高いときに売ると、その差益でトクすることもあります。投資する企業によっては、株主優待（割引券や自社商品がもらえる特典）もあります。しかし、購入価格より売却価格のほうが低ければ損しますし、会社が倒産すると、株の価値はなくなります。

さて、問題は、どの会社の株を買うか。

ポイントは、「人の意見に左右されないこと」です。「あの会社の株は上がる」なんて情報を耳にするかもしれません。この方法で1億稼いだ！　なんて話を聞くかもしれません。

買い方やもうけ方を指南する本もたくさんあります。しかし、その真偽をたしかめる責任はあなたにあります。

○外貨預金（銀行） 元本割れリスク▽有（小）／リターン期待度▽小

簡単に言えば、外国の通貨でお金を貯めるということ。あなたの円で、米ドル、ユーロ、英ポンドなどを買い、貯めていきます。

これらは、海外旅行のときに便利なのはもちろんですが、円預金と比べて外貨預金は総じて利率が良く、円に戻すときに為替差益を得ることもあります。為替差益とは、たとえば1ドル120円のときに預けた外貨預金を、1ドル150円（円安）のときに引き出したときに得られる利益のこと。ただし、1ドル100円（円高）のときに引き出すと損します。基本は「円高のときに預け、円安のときに引き出す」です。ただし、銀行の外貨預金は手数料が高いことが多いため、なるべく出し入れを抑えることも大切です。

○外貨ＦＸ（外国為替証拠金取引） 元本割れリスク▽有（大）／リターン期待度▽大

ＦＸとは、Foreign Exchange のこと。要するに、ドル、ユーロ、ポンド、オーストラリアドルなどの外貨を、銀行を介さず、自分で取引することです。

大きな利益が期待できる理由は、レバレッジがかかる取引であるため。レバレッジは簡単にいうと、あらかじめ入金しておいた資金を担保とし、その何倍もの金額を売買できる仕組みのことです。そのため、資金の活用の効率が大きく高まります。ただ、損失が出たときのダメージも大きくなります。

給与明細で見る「あなたの保障」

本章の最後に、税金の備えについて見ておきましょう。これらは貯金とちがい、見えにくいお金です。しかし、28歳の大人として、何のために、どれくらい払っているか知っておくことが大事です。

その中身は、給料日にもらう「給与明細」にすべて書かれています。「差引支給額」は手取りの金額、「支給総額」は税金などあれこれ控除される前の金額です。

○所得税・住民税

所得税は国に、住民税は都道府県と市区町村に払うお金です。収入が多い人ほど、その金額も大きくなります。収入が年103万円以下の人には課税されません（住民税はかかる場合もある）。

○健康保険料

病人やケガ人が支払う治療費や薬代を、国民全員で助けあいましょうというコンセプトのお金。これを支払っておくと健康保険証が発行され、治療費の3割だけ負担し、残りの7割は国が負担してくれます。また、出産時には出産手当金なども支給されます。ただし、「俺は自分で全額負担するから、健康保険料は払わない」というわけにはいきません。国民全員が負担するお金です。義務です。

失業や転職の合間などで無職の人や、自営業など会社に属せず、給料から天引きされていない人は、国民健康保険に入る必要があります。万一、保険料が払えなくても、1年以内の滞納であれば保険証が有効期間内のため、そのまま使えますし、7割の国の援助も受けられます。ただ、滞納が続くと、更新時に有効期間が短い「短期被保険者証」に切り替わります。また、滞納期間が1年を超えると、被保険者資格証明書に切り替わります。資格証明書の場合、医療機関で支払う治療費は一時的に全額自己負担です。後日、市区町村の窓口で負担分の7割を払い戻し請求できますが、滞納保険料に充当される場合もあります。

〇介護保険料

40歳を超えた人が負担するお金です。健康保険料と同様、介護を必要としている人の負担金を、国民全員で助け合うコンセプトのお金であり、これも「俺はけっこう！」というわけにはいきません。義務です。また、これを支払っておくと、65歳以上で介護や支援が必要となった際や、40〜64歳で特定の病気によって介護や支援が必要と認定された際に、原則10％の負担だけですみ、残りは国が負担してくれます。

〇厚生年金保険料

65歳以上に支給される「老齢厚生年金」を受け取るためのお金です。収入に応じて負担金額が増え、半分は会社が支払います。ちなみに無職の人や自営業の人が加入する国民年金は、負担金額が一律です。

〇雇用保険料

失業中の人の生活保障や再就職支援に使われるお金。健康保険料や厚生年金保険料に比べると金額が小さく、あまり気にならないかもしれませんが、これを支払っておくと、失業時に給付金がもらえます。

こうしてみると、いろいろなものが控除されています。

「そんなに取るなよ！」と思いますね。でも、治療費や老後の生活費などを支給してもらう「権利を買っている」と思えば、それほど高くない気もします。

ちなみに、所得のうち、税金や社会保険料として控除される金額の割合を、「国民負担率」といいます。日本の場合、国民負担率は40％ほど。支給総額の約6割があなたの手取りになっているということです。

アメリカの国民負担率は32％程度だそうですので、「多い」と思う方もいるでしょう。

一方、福祉国家で有名なスウェーデンなどの国民負担率は50％以上で、支給総額の半分以下で暮らしています。その分、医療費も学費も老後の生活費も、あらゆるものを国が負担（あるいは援助）してくれるため、微々たる貯金でも安心して生きていけるのです。

知らなかったではすまない保険あれこれ

税や社会保障は国が決めることですので、日本人のオレやワタシがスウェーデンの制度で生きることはできません。国に老後の面倒をみてほしいと思っても、現行の日本の制度では、そこは自分で何とかする領域であり、「万一のときの不安」「老後の不安」があるわけです。そこで検討したいのが、民間の保険。では、どんな備えができるのでしょうか。

「大病をわずらったときの治療費が不安……」

「医療保険」「入院保険」「傷害保険」を検討してみましょう。これらは、入院給付金や手術給付金を受けとることができるもの。少ない掛け金で入れる掛け捨て型の商品から、退院後の通院保障などオプションが充実した商品、貯蓄型の商品など、さまざまな種類があります。ただし、公的な健康保険でも高額な医療費負担をカバーしてくれる制度がありま す。入院時に個室に入りたいという人は別として、治療費だけが心配な場合は必要性が下がります。

「自分の葬式代くらい、自分で責任を持ちたい」

死亡保険を検討してみましょう。死亡時に支払われる保険金の受取人を、葬式を出してくれる親や妻にしておけば大丈夫です。１００万円ほどの葬式代であれば、死亡保障に特化した掛け捨て型や、死亡保障がついた医療保険などで十分にカバーできます。

「老いてからでは保険に入りづらい、と聞いた」

たしかに、60歳くらいになってから保険に入ろうとすると、高血圧だったり、持病があったり、過去に大病をした経験があったりして、保険に入れないこともあります。とはいえ、28歳でン千万の死亡保障をかける必要はありません。理由は簡単で、老人と比べ、病気などで死ぬ可能性が低いからです。

「いま入っている保険が多すぎる気がする」

おそらく、新入社員のときに、勧誘のおばちゃんに言われるがままに保険に入ってしまったのでしょう。ならば、いまこそ見直しの時期です。独身なのに、高すぎる死亡保障がついた保険や、オプション充実の入院保険に入っていると、お金がどんどん出て行きます。

保険を見直す際のポイントは、いま入っている保険をなるべくいかすことです。とくに貯蓄型は解約すると払い込んだ金額を下回ることがあります。一方、掛け捨て型の入院保険などは、思い切って解約を検討してみましょう。

「万一の災害が怖い」

保険加入時に、「災害特約」「災害割増特約」をつけることができます。台風や地震などの災害によるケガや死亡の場合に、多めの保険金が支払われるものです。ただ、特約ですから、その分、保険料が高くなります。また、災害でケガをしたり死亡する確率は、病気に比べて低いといえます。不安になる気持ちはわかりますが、災害時にどのくらいの保険金をもらう必要があるのか、検討してみてください。

「子どもが学校を卒業するまでに死んだらどうしよう……」

保障を手厚くしたい期間が決まっている場合は、「定期保険」を検討してみてください。10年、20年といった単位を区切って、死亡保障等をつけるものです。

「考えれば考えるほど、不安がつのってきた……」

世の中には、多数の保険に入り「掛け金貧乏」になっている心配性もいます。しかし、どれだけ保険に入っても、人生の不安は消えません。病気をするリスクが低い28歳は、公的保険で補えないものだけにしぼって検討してみましょう。

残り50年を「なんとかする」ための第一歩

あなたに必要な貯金や備えは、あなたの人生がどうなるかによって変わります。当然ながら、30代で子どもを3人持ち、40代で一戸建てを買う予定の人と、DINKSで優雅に過ごそうと考えている人とでは、必要なお金や備えが異なります。足りない分は補わなければなりませんが、必死に貯め込んでも、お金はあの世に持っていけません。つまり、足りないと困りますが、ありすぎる必要もない。貯金や保険を将来役立つものにするためには、まずあなたの人生をプランニングしてみることが必要です。

さっそく、やってみましょう。

漠然とでいいので、結婚、出産、マイホーム購入、子どもの進学といったおもなライフイベントが、あなたが何歳くらいのときに発生するのか、紙に書いてみましょう。PCに打ち込んでもいいですし、チラシの裏でもオーケーです。あなたの出世や定年の予定も、その紙に書き足します。これも「希望」でオーケーです。

80歳くらいまでのライフプランを書き込んでみると、あなたの人生の骨格が見えてくることでしょう。骨格が見えたら、それぞれのイベントに対し、どれくらいの費用がかかるのかを書き込みます。結婚（400万円）、出産（100万円）、マイホーム購入（頭金として300万円）、子どもの進学（合計500万円）、子どもの養育費（1000万円）、子どもの結婚（祝金100万円）、60歳以降の生活費（年300万円）といった具合です。するとですね、たいてい「うひゃあ」となってしまうのです。なぜなら、あなたの今後の人生は、非常にお金がかかるからです。

さて、どうすればいいのでしょうか？

自力で捻出できるお金は、給料などの収入、貯金、保険金など、ある程度確定しています。その額を踏まえて各イベントの支出額と差し引きし、お金が足りなくなりそうなところを明確にしましょう。一般的には、子どもの進学、家の購入、老後などのタイミングでお金が足りなくなりがち。この時期に向けて、いまから貯蓄や運用をはじめましょう。定期保険などを利用して一定期間のリスクを解消することもできます。

あるいは、「子どもを3人持つ」というプランをふたりで打ち止めにしたり、「都内に戸建てを持つ」計画をあきらめたり、ライフプランを微調整することもできるでしょう。

「あきらめる」というのは聞こえが悪いですね。あなたの意思でイベントに優先順位をつけ、あと回しにする、もしくは、捨てるものを選ぶのです。

28歳のみなさんには、およそ50年の人生が残されています。

長生きするとはどういうことか。お金がかかるということです。幸せな結婚をし、つつましく暮らしていくだけでも、相当なお金がかかります。「なんとかなるだろう」とボーッと過ごしていても、なんとかならないのが人生の怖いところ。ノープラン・ノーマネーでは、とうていリスクに立ち向かえません。

お金について考えるということは、残りの人生にどれくらいのお金がかかるのかを計算し、そのためにいま、なにができるのかを検討するということです。そういう意味で、みなさんはいい時期にこの本と出会いました。40歳になってからでは手遅れなことも、30歳手前なら「なんとかする」ことができる場合もあります。28歳とはつまり、「なんとかならない」ものを、「なんとかする」ための第一歩を踏み出す時期なのです。

第4章
住まい
HOUSE

「家」には3つの種類があります。

ひとつは「持ち家」、二つめは「賃貸住宅」、三つめは「家族などの家」です。現在、みなさんが生活している「家」も、必ずこのうちのどれかに分類されるはずです。

3種類を「お金の流れ」を用いて説明すると、次のようになります。

「持ち家」は「自分で固定資産税を納めている」ということ。自分で買ったかどうかは別の話。親からもらった家でもかまいません。「賃貸住宅」は「自分で賃料を納めている」ということになります。会社の寮も、広い意味では「賃料」を払っているわけです。そして「家族などの家」は、「親などが固定資産税または賃料を納めている」家です。みなさんはこの3種類の「家」のいずれかに住んでいるはずです。

ほかのみんなはどうしているのか?

よほどの人格者かもしくは破綻者でない限り、私たちは「他人」との比較でしか「自分」を評価することができません。平均よりも高いボーナスの額に思わずニンマリとしてみたり、友だちから結婚式の招待状を受け取って何とも言えない焦燥感にさいなまれてみたり。

では、「家」はどうでしょうか？

「オレさあ、家、買っちゃったよ。駅からバスで20分もかかるんだけど、一応、戸建て。ホラ、オレって昔からイヌが好きじゃん。だから。まあ、今度、遊びに来いよ」という電話をもらったときに、心から「おめでとう」が言えますか。それとも、「彼が持ち家と引き替えに手放したもの」や「これから彼に降りかかるであろう数々のトラブル」を思い描いたりしますか。

まず、現実を知ることにしましょう。現在の日本の持ち家率は、全国・全年齢層では約62％です（総務省「住宅・土地統計調査」２０１３年）。10人のうちの６人。あまりピンとこない数字ですね。

では、年齢ごとに見ていきましょう。持ち家率が50％を超えるのは40歳です。この下の層（35～39歳）では46％ですが、上の層（40～44歳）では急激に上昇し、56％をオーバーしています。これよりさらに上の年齢層でも徐々に増加していき、60歳前後でおよそ80％になります。

では、みなさんの年齢層はどうでしょうか。そこが肝心です。

25〜29歳の持ち家率は約12％。およそ8人にひとりが家を持っている計算になります。友だち10人の顔を思い浮かべてみてください。その中に「オレ、家買っちゃった」という人はいますか？　そんなヤツはいないというあなたは、ビンボーな友だちとばかりつき合っていませんか？　そうですね、失礼ですね。いままさに買おうと考えているかもしれませんよね。

事実、ひとつ上の年齢層（30〜34歳）になると、持ち家率は約29％です。先ほど顔を思い浮かべた友だちのうち、誰と誰と誰が家を買うことになるのでしょうか。もちろん、「あなた自身」かもしれません。

買うか借りるかどっちがトクか

となると、やはりこの話題をさけては通れません。「持ち家」がトクなのか、「賃貸」がトクなのか、です。

さっそく「買ったほうがトクに決まっている」チームと、「いや、借りたほうがトクなことに気づくべきだ」軍団、それぞれの言い分を聞いてみましょう。

❶「買い」チームの言い分

・賃貸は決して安くない。一生、家賃を払うのとローンを支払うのとで総額に差はない
・賃貸では、死ぬまで家賃を払い続けなければならない
・年老いたら、賃貸住宅は借りられない（契約を更新できない）
・購入すれば資産になるので、子どもに譲ったり、売却したりできる
・好みに合わせてリフォームなどができる。賃貸では模様替えどころか、釘一本打てない
・マンションの場合、賃貸に比べて分譲のほうが質がいい

❷「借り」軍団の反論

・買ってしまったら、ずっとそこに住まなければならない。欠陥があったり、周囲の環境が変わっても、簡単には引っ越せない。転勤になったらどうするのか
・固定資産税や管理費や修繕積立金など、ローン以外の支払いが多い

・老後は高級老人ホームに入るので、買ってもムダになる
・地震でこわれたり火事で燃えてしまったらすべておしまい
・ローンが終わる頃には、資産価値はほとんどなくなる（マンションの場合）
・まだまだ価格が下がるような気がする

「買い」と「借り」で、どちらがトクだと感じたでしょうか。

ある一面については「買い」がトクだけど、ある一面については「賃貸」のほうがよさそう。そんな印象を持たれた方が多いのではありませんか？

事実、そうなのです。買いチームには買いチームの、借り軍団には借り軍団の言い分があり、それぞれに根拠があるのです。選ぶためには、双方の意見を聞き、その根拠を知ることが大切です。それと、忘れてはならないのは、「買い」の人でも自己資金によほどの余裕がある人以外は、お金を「借り」るということです。

それぞれのメリット・デメリットを検証する

28歳のときに4000万円のマンションを頭金920万円の35年ローンで買った場合と、家族構成に合わせて賃貸生活した場合の支払金額を比較してみましょう。

購入派は35年後の満62歳でローンの返済が終わり、それ以降の支払いは毎月3万2000円だけ。一方の賃貸派は、死ぬまで家賃を払い続けなければなりません。

支払い総額は、最初のうちは買ったほうが多くなります。頭金が大きいですからね。これ以降、「買い組」「借り組」両者の支払い総額が逆転するのは55年後の82歳時あたりでしょう。それ以降、支払い総額は賃貸派のほうが多くなり続けていきます。固定資産税の変動、金利の変動、あるいは家賃相場が急上昇したらどうなるのかといった不確定要素はありますが、だいたい50年～55年後に支払い総額がほぼ同じになると考えていいはずです。

80歳前後で両者の累計支払い総額がほぼ同じになるということは、購入派も賃貸派も、ともに同じくらいの住居費を支払って寿命を終えることになるわけです。

じつはこのシミュレーションはナンセンスです。先ほども書いたように、金利は変動します。金利が変動すれば、賃料にも影響があります。現段階でどちらが得かを論ずることに、あまり意味はないのです。

ちがうのは、購入派には築50年のマンションが残されるのに対して、賃貸派にはなにも残らないということです。つまり、購入すれば「生涯、少なくとも住む場所には困らない」わけです。このことは、物理的な意味だけでなく心理的な面でのメリットとして、非常に大きいはずです。

もちろん、ただ、その一点だけを採り上げてやはり購入のほうがトクだと決めつけるのは早計でしょう。

では、「終《つい》の住処《すみか》」を持たない賃貸派の将来はどうなるのでしょうか。

現実問題として、65歳以上の高齢者は賃貸物件が借りにくいという事実があります。日本賃貸住宅管理協会の調査によれば、入居希望者の4分の1が、なんらかの理由で入居を断られています。入居を断る大家さんの側にも、高齢者には保証人がいない、病気になられると困るなどの理由があるのです。これに対して行政では、「高齢者の居住の安定確保に関する法律」などを定めて対応しています。また、賃貸住宅業界にとっても高齢者は有望なマーケットなわけですから、互いに安心して賃貸契約が結べるような制度づくりを行なっています。将来的に多少は状況が変わることが予想されます。とはいえ、現段階――つまり28歳の段階で、とりあえず死ぬまでの居場所を確保できるという安心感は、かなり大きいでしょう。

高齢者の住居に関しては、食事や各種ケアの付いた高齢者専用賃貸住宅や、さらに介護に特化した有料老人ホームや公的な特別養護老人ホームなどがあり、さらに「長い目」で見ることが必要になってくるはずです。

購入すれば資産になるというメリットはどうでしょうか。

マンションについては築年数が50年たったものにどれだけの資産価値があるかは疑問です。シミュレーションでは、賃貸と比較する都合上、一戸建て住宅は採り上げませんでしたが、一戸建て住宅を購入した場合の損得比較は、購入価格が同じならマンションと大差はありません。管理費と修繕積立金がかからない分、毎月の支払金額は減りそうな気がしますが、所有する土地がマンションよりも広い分、固定資産税が高くなりますし、修理・修繕にお金がかかるのは一戸建ても同じです。

ただし、資産価値は土地がある分だけ築50年のマンションよりはるかに大きくなります。子どもに財産を残したいと考えている人は、マンションよりも一戸建てのほうが有利でしょう。土地神話は崩壊しても土地信仰は不滅です。

購入と賃貸で大きくちがうのは、購入した場合、その時点で「非常に多くのことが固定されてしまう」ということです。たとえば毎月の支払金額です。シミュレーションではローンなどで、毎月15～16万円を35年間、支払い続けることになっています。35年間の途中になにが起こっても、これは変わりません。「なにが」というのは、もちろん悪いことです。リストラにあって職を失い、ローンが支払えなくなってマイホームを手放すというケースも、残念ながら昨今いくらでもあります。あるいは自然災害によって建て替えを余儀なくされるケースもないとも限りません。

これに対して、「賃貸」派には、そのときどきの状況に合わせて自由に引っ越せる、というメリットがあります。将来、ゆとりを持って子育てをするためには3ＬＤＫくらいの広さが必要でしょう。でも、子どもがある程度の年齢になるまでは2ＤＫで十分です。子どもが独立した後も2ＤＫで十分です。離婚してひとり暮らしになれば、ワンルームでも十分です。家族が誰もいなくなった3LDKのマンションにひとりで暮らすのは、あまりにも寂しすぎます。固定されてしまうというのはそういうことなのです。もちろん、転勤にも離婚にも、賃貸派なら柔軟に対応できます。

すると購入派は、そんなときには売却して住み替えればいいという提案をします。たしかに20年ほど前でしたら、不動産価格は右肩上がりで変動していましたからそれも可能でした。売却すればローン残高以上の金額で売れますから、それをもとに新たな物件が購入できたのです。

ところがいまは、不動産価値が自動的に右肩上がりで変動する時代ではありません。むしろ、資産デフレがますます進む時代。いざ売却しようと思っても価格がローン残高を大きく下回ったり、そもそも売却すらできないというケースもあります。売却には手間も手数料もかかりますから、そうそう気軽に住み替えはできません。

家を考えるのは、「人生をデザインする」ということ

ここまで、購入と賃貸ではどちらがトクかを見てきたわけですが、大切なことを忘れて

いました。「家」がなんのためにあるのか、を。

そもそも「家」とは、雨風や外敵から身を守るための「囲い」でしかなかったはずです。ゴールでなければ目標でもありません。ましてや、それを手に入れることで「何か」を得るためのものではない。そこで「生きる」ための場所でしかないのです。「損得」だけに振り回されて、必要がないのに買ってしまったり、必要なのに買わなかったり、本末転倒と言わざるを得ません。あなたにとってどうあるべきなのか。

あなたの「必要」を満たす方法が「購入」なら買えばいい。あなたの「こう生きたい」を実現してくれるのが「賃貸」なら買う必要がない。家を考えるというのは「人生をデザインする」ということにほかならないのです。

ということで、少し視線を上げて遠くを見渡してみましょう。たとえば30年後、あなたは60歳近くになっています。ということはあなたの両親はそろそろ80代、あるいは90代になっているわけです。仮にあなたの両親が亡くなったとして、そのときに住んでいる家はどのようになるでしょうか。

もしも賃貸住宅であれば、契約が終了するだけです。しかし、持ち家であれば、相続しなければなりません。誰が相続することになりますか。あなたに兄弟がいれば、分割する必要も出てくるでしょう。そのときにあなたの生活拠点が首都圏で、実家が地方にある場合には、どうしますか？

これらのことは、あなたとあなたの両親についてだけではなく、配偶者と配偶者の両親についても考えなければなりません。夫婦がともにひとりっ子で、それぞれの両親が家を持っているとしたら、しばらくは賃貸住宅で生活をして、やがてどちらかの家に入るという設計図はとても現実味を帯びてきます。あるいは実家を処分して両親を呼び寄せるという選択肢も浮上します。

もちろん、親は親、実家は実家、自分たちの住む家のことはそれらのこととは切り離して考えるという人もなかにはいるでしょう。その場合でも、やはり30年後、50年後を見据えて、それは金銭的にどちらがトクでどちらが便利かというだけでなく、転職の可能性、転勤の有無、子どもの人数、老後のすごし方……、そういったさまざまなことを総合的に考えたうえで決定する必要があるのです。少なくとも、両親が亡くなって主を失った住宅を、そのままそこで朽ち果てさせてしまうのは、社会的な責任の放棄にほかなりません。

それでも、「そんな先のことなんかわかるはずがない」となったときにどうしたらいいでしょうか。

先がわからない以上、購入して自分をしばりつけるのは危険だという考えがひとつ。わからないからこそ、購入して自分をしばりつけたほうがいいという考え方がもうひとつ。つまり、正解はないのです。賃貸＝不安定な自由を選ぶか、購入＝安定した不自由を選ぶか。決めるのは結局あなたなのです。

買うなら早いほうがいい？

そこまで考えた結果、もしも「買う」と決断した場合、次に決めなければいけないのは「いつ買うか」ということです。これもまた、人生のデザインの話になります。

普通、家を買うときにはローンを組みます。返済期間は通常は最長で35年ですから、仮に30歳のときに購入すると、65歳で返済が終了するわけです。60歳で定年退職し、そこから先5年間だけがんばって働けば完済できるのです。

もし40歳で購入するとしたら返済終了は75歳。70歳を超えてローン返済のために働くのはちょっとつらいものがあります。そう考えると、30歳は「住宅購入」のタイム・リミットだといえないこともないのです。

35年間もチンタラ返済するつもりはない、もっと短いローンにする、という意見もあるでしょうが、返済期間を短くするとひと月の返済金額は多くなります。

たとえば4000万円を金利3％で借り入れるとします（いまはさらに低金利ですから、買い派には追い風かもしれませんが、風は気まぐれです）。これを35年間で返済する場合、月々の支払額は15万4000円ほどですみます。ところがこれを20年間で返済するとなると、毎月の返済額は22万円に跳ね上がります。「オッケー、わかった！ 22万円ね」と思うかもしれませんが、話はそう簡単ではありません。毎月22万円も返済するためには、最低でも月収50万円は必要です。そしてこの「最低限必要な月収」について、貸す側はもっとシビアです。銀行や住宅金融支援機構（旧・住宅金融公庫）では、年間返済額を年収の35％以内と決めています。生活をギリギリまできりつめないと返済できないような金額は、恐ろしくて貸せないのです。

これで計算すると、4000万円を20年で返済するローンを組むためには、最低でも年収が800万円は必要になります。いまはもう少し緩いかもしれません。
では、40歳になってしまったら家は買えないのか？　という疑問が生じますが、決してそんなことはありません。先ほども書いたように、持ち家率が50％を超えるのは40代ですから。

ここで登場するのが「頭金」です。頭金がたくさんあれば、それだけ借入金額を減らすことができますから、返済期間を短くすることができます。多くの人が30代のときに頭金を貯めて家を買い、退職までにローンを完済し、老後は年金で悠々と生活するというライフスタイルを描いているのでしょう。そして、ある人は描いた夢の通りに人生を送り、ある人は夢破れて家を手放しホームレスにまで落ちぶれているのです。

いずれにしても、もしも「買う」のであれば、少しでも早いほうがいいというのは、まちがいなさそうです。若いうちでなければローンが組みにくいという消極的な理由以外に、いくつかのメリットがあります。

たとえば、30歳のときに頭金ゼロの35年ローンで家を買うのと、30代の10年間でがんばって頭金を1000万円貯め、40歳になったときに25年ローンで家を買うのを比較してみましょう。家の価格はどちらも4000万円で金利は3％だとします。すると前者の返済総額は6460万円。後者は返済総額が4270万円で、頭金の1000万円を加えても住宅取得にかかる総額は5270万円。なんと1200万円もトクをすることになります。

ところがこれがそう単純な話でもないのです。後者の人は30代のときにはいったいどこに住んでいるのでしょうか。家賃のかからない実家ならいいのですが、賃貸住宅に住んでいたとすれば、その分の家賃がかかります。仮に10万円だとしても10年間で1200万円。あれ？　トクするはずの1200万円は、結局、家賃に消えてしまう計算になります。しかもです。仮に80歳まで生きるとして、前者は30歳からの50年間、その家に住むことになります。一方の後者は、40歳からの40年間しか住むことができません。同じ4000万円の家を手に入れたのに、ちょっと「ソン」した気分になりませんか。

住まい選び〜失敗しないためのルール

家を買うにはなにをどうしたらいいのか、どこに気をつけなければいけないのか、順を追って見ていくことにしましょう。

●どこに住むのかを決める

家探しでもっとも重要なポイントです。とくに大切なのは、「通勤や通学に便利かどうか」と「住環境がいいかどうか」の2つです。当然、通勤時間は短いほうがいいわけです。住環境というのは、たとえば買い物の利便性だったり、子どもを育てることを考えれば保育所までの距離や公園などの充実度などを重視しなければなりません。また、人生を「趣味に生きる」と決めるのであれば、それに適した場所――釣りを生活の主要な柱にするのであれば海の近く――を選ぶということです。ただし、場所選びは常に価格との兼ね合いになります。都心部を中心とした人気の高いエリアでは、当然ですが価格は高くなります。

そのぶん、資産価値は高いので売却には有利ですが、これはサイフとの相談。なかには、その土地の実力以上に評価が高いところもあるようですが、あくまでも自分にとって住みやすい場所を選ぶべきでしょう。ブランドイメージに踊らされる必要はありません。

●マンションか一戸建てかを決める

一戸建てには一戸建ての、マンションにはマンションのメリット・デメリットがあります。たとえば資産価値です。一戸建て住宅の場合は、その土地をすべて所有することになります。ところがマンションの場合、敷地を所有者全員で区分所有することになります。つまり、敷地面積が同じなら戸数が多いほど、一戸あたりの所有分は少なくなるのです。当然、一戸建てのほうが資産価値が高くなり、もちろん、購入価格も高くなるわけです。

マンションには、壁一枚隔てて他人が暮らします。廊下やエレベーターも共有することになります。したがってそこにはある程度の制約、ガマン、プライバシーの問題などが発生します。ただし、最近のマンションは遮音性能が向上し、騒音のトラブルは多少は緩和されています。また、集合住宅ならではのメリットとして、集会室や子どもの遊び場、庭園、植栽などの共有部分を利用できるという面もあります。さらに、ディスポーザーやインターネット回線などを標準設備としているところも増えています。マンションならではのスケールメリットです。

●業者・物件を選ぶ

とにかく数多くの物件を見ることが大切です。情報誌やチラシなどで知識を得るだけではなく、建て売り住宅の現場やモデルハウス、マンションのモデルルームなどを、時間の許す限り見るようにしましょう。また、モデルルームやモデルハウスにはよく見せるための化粧（家具や調度品など）がほどこされていることも覚えておきましょう。

マンションの場合は床のコンクリートの厚さが２００ミリ以上あればいいとか、一戸建て住宅の場合は基礎にきちんと割栗石が敷かれているかを調べるというように、チェックしなければならないポイントは無限といっていいほどあります。なかには素人には判断できないものもありますし、すでに完成している建て売り住宅では、住んでみないことにはわからないという面もたくさんあるのです。一つの手段として、信頼できる業者を選ぶという方法があります。これもむずかしいのですが、その不動産業者が信頼できるかどうかは、都道府県庁で「不動産業者名簿」を閲覧すれば、過去の行政処分などがわかるので、ある程度の参考にすることができます。もちろん、それだけで決め手にはなりません。大手なら大丈夫ともいえません。地元の業者のほうが安心ということも言い切れません。

では、ハズレをつかまない方法はないのでしょうか？　実はヒントはあります。

２０００年に欠陥住宅や欠陥マンションの被害を防ぐために「住宅品質確保促進法」が施行され、瑕疵担保責任期間が10年になりました。これにより、新築住宅を購入して10年以内に重大な欠陥が発見された場合には、売り主が直さなければならないのです。これとは別に、独自に基準を設けて性能や品質を保証しているケースもあります。

●修繕積立金や管理費もしっかりチェック

マンションを購入する際には、修繕積立金や管理費についてもしっかりチェックをする必要があります。結婚相手を選ぶときの「化粧を落とした素顔」や「奇妙な性癖の有無」のチェックよりも重要です。あとで驚くだけではすみませんから。

管理費は、エレベーターや廊下の照明など、共用部分の電気代、清掃や点検を行なう管理会社の報酬などに使われます。修繕積立金は、外壁の修繕や屋上の防水工事など、定期的に行なわれる修繕のために積み立てておくお金です。入居者すべてが、部屋の広さなどに応じて支払うことになっています。

では、どのような点に注意をすればいいのでしょうか。まず、金額が適正かどうかです。場所や規模によって異なりますが、たとえば首都圏の3LDKであれば、管理費が1万5000円程度、修繕積立金が1万円以内というのが相場です。異常に高い場合に不動産会社に問い合わせるのはもちろんですが、異常に安い場合にも注意が必要。何年かたって修繕費がたりないということになりかねません。次にチェックするのは、支払えるかどうかです。毎月、ローン返済に2万5000円程度をプラスして払わなければなりません。中古マンションを購入する際には、前の持ち主が管理費と修繕積立金を滞納していないかどうかも調べます。もしも滞納があると、そのぶんを一括して請求されます。再婚相手の前のダンナの借金を肩代わりするようなメに遭わないように、気をつけましょう。

●中古という選択肢

最近の住宅市場では「中古マンション」の注目度がアップしているそうです。もともと中古マンションには「新築よりも安い」という当たり前の特徴がありましたが、このほかにも、建物の性能、管理体制、住人の質などの情報を得やすいというメリットもあります。最近では、リノベーションによって「新築以上」に生まれ変わった中古マンションも増えているようです。さっそく調べてみましょう。クリック、クリック。

木造一戸建て住宅の場合、寿命は30年くらいといわれています。購入時の状況によって異なりますが、リフォームや建て替えを視野にいれる必要があるでしょう。築年数によっては、建物はオマケで土地を買うと考えたほうがいいことも多いようです。

買わない派の人が知っておきたいこと

分譲マンションと比較すると、賃貸マンションはグレード感や設備などの面で「おとっている」と思われがちです。確かに否めないところもあるのですが、競争が激化し、とくに新築物件では質も向上しています。ペット可、楽器可といった「付加価値」のついた物件も増えています。また、内外ともにコンクリートの打ちっ放し、ガラス張りのバスルームなどのデザイナーズマンションは、賃貸ならではです。

家賃と満足度は一般的に比例します。つまり、安い物件にはそれなりに理由があるということです。人気のない沿線でしかも駅から遠い、建物が古いなどです。ところがそうした理由がないのに安い物件もあるのです。Aさんが住んでいるのは、新宿から15分ほどの駅から徒歩10分ほどにある築2年の3DKです。これで家賃が9万円。相場よりも5～6万円は安いはずです。なぜこんなに安いのかというと、特定優良賃貸住宅、いわゆる特優賃だからです。この制度は、家賃の一部を自治体が補助するもので、神奈川県や千葉県、埼玉県にもあります。補助金額は、自治体やもともとの家賃によっても異なりますが、都内でそこそこ相場が高いところでは、かなりの借り得になるはずです。もちろん競争率は高くなります。申し込み方法は自治体や物件によって異なります。Bさんの場合は先着順だったのですが、二晩、徹夜で並んだそうです。なお、この制度を利用するためには、同居家族（配偶者など）がいなければならないうえ、所得の制限（上限・下限）もあります。

このほか、人口減少に悩んでいる自治体では「家賃補助制度」を実施しているところがあります。多くは、「新婚家庭」や「子どものいるファミリー」などのようなハードルを設けていますが、単身者に対しても補助してくれるところがあります。

「家」のことを考える場合は、賃貸か購入かという細部よりも、どんな人生を送るのかという「ライフプラン」を考えることが、何よりも大切です。

第5章

健康

HEALTH

健康な人は、「自分が健康である」ことに感謝しないものです。病気になってはじめて、「健康って大事だよね」と思います。こういう因果を「後悔先に立たず」というわけですが、健康管理というのは、病気になる前や、老化がはじまる前に手をつけなければなりません。ホントに怖いのは病気でも老化でもなく、健康管理ができていない状態で、のほほんと生きることなのです。

身体や筋肉は、二度とあのころに戻らない

まず知っておくべきことは、「28歳は実はそれほど若くない」ということです。肉体も筋肉も、髪、歯、内臓、足腰といったパーツも、あらゆる部分ですでに老化がはじまっているからです。

たとえば筋力と筋肉の持久力は、17歳でピークを迎え、あとは下り坂へ向かいます。柔軟性も、やはり17歳がピーク。このふたつにおける25〜29歳の力は、平均すると12歳児と同じ。みなさんの体は、気づかないうちに小6レベルにまで落ちているわけです。

敏捷性や持久力は、19歳前後がピーク。28歳の力はその7〜9割程度です。かつて「オ

ヤジ狩り」なんていう物騒な犯罪が横行しましたが、ある意味ではここに「真理」があるのかもしれません。押さえつける力、反応する力、逃げる力など、頭脳をのぞくあらゆる力において未成年ヤンキーは最強なのです。

こういう力は、すり減ったタイヤのミゾと同じで、回復させようと思っても回復しません。また、タイヤはオートバックスで新品に交換してくれますが、筋肉や反射神経というのは、どこへ持っていっても交換してくれません。

なかには、「まわりと比べて、俺は若いほうだ」という人もいるでしょう。しかし、健康は受験とちがい、相対評価で考えるものではありません。「あいつのほうがハゲている」「太っている」と比べても、あまり意味はないわけです。重要なのは、人ではなく自分。「徹夜がつらくなった」とか「気づけばエレベーターを探している」とか、この数年で自分に生じているおとろえについて、絶対評価で考えなければなりません。

では、老いやおとろえにはどう対抗したらいいのでしょうか？

ここでひとつ、ポイントです。身体は回復も交換もできませんが、「長持ちさせることはできる」ということです。乱暴な運転をやめればタイヤが長持ちするように、乱暴な生き方をあらためれば、回復も交換もできない身体は長持ちします。ここに、28歳が健康を考えるうえで最大のテーマがあるのです。

メタボは笑いごとじゃない

身体を長持ちさせるためには、まずは意識を変えなければなりません。「カゼは万病のもと」なんてことを言いますが、カゼをひいてから対策に走るようでは遅いのです。その前段階から対策し、あらゆるものが「万病のもと」であると意識しなければなりません。

たとえば、「デブ」は万病のもと。とくに最近は、年ごろの男が集まればメタボ（メタボリック・シンドローム）談義に花が咲く時代になりました。

「この間の健康診断で、メタボリックって言われちゃった。アハハ」

「いよいよジムに入会しちゃった。行ってないけど。アハハ」

アハハ、じゃありません。

「メタボ」なんて呼ぶと、ちょっと洋風でかわいい感じもしますが、要するに、糖尿病・通風・脂肪肝の半歩手前。美人で薄命なら伝説になるかもしれませんが、肥満で薄命は反面教師にしかなりません。

そもそもなぜメタボになるのかといえば、摂取した分だけのエネルギーを消化できていないからです。わかりやすくいえば、「食い過ぎ」か「運動不足」、もしくは、その両方です。2000キロカロリー摂取して1900キロカロリーしか消費しなければ、100キロカロリー分の余分な肉（約11グラム）が体に蓄積されます。太るということは、そのくり返しなのです。

自分が太っているかどうかは、自分の腹やアゴを見ればわかるかと思います。「微妙だなあ」という人は、BMIで計算してみてください。

BMIの計算式　**体重（kg）÷身長（m）の二乗**

［例］170センチ・60kgの場合　60÷1・7の二乗＝20・76
170センチ・75kgの場合　75÷1・7の二乗＝25・95

求められた値が25以上なら「デブ」です。糖尿病、通風、脂肪肝などに苦しむ日をさけるためにも、さっそく町内を一周ほど走ってきたほうがよいかと思います。また、バスや自転車に乗らずに歩くとか、スポーツジムに入る（そして、ちゃんと通う）とか、日々日頃、思いつく限りのことをして「25未満」に戻すことをおすすめします。

また、「25未満だから安心」というわけでもありません。というのも、30歳前後には、見た目はやせているけど内臓や血液中には脂がびっしりという「かくれ肥満」もたくさんいるからです。

「脂っこいものが好き」「運動してない」「飲みすぎ」「吸いすぎ」「外食が多い」という人はいませんか？　どれかひとつでも当てはまるなら、やはり町内を一周してきたほうがよいでしょう。

とくに独身貴族は、異性の前で（というか一緒に）裸になる機会もあるでしょう。その際、メタボな身体を「テディベアみたい〜」とほめる人は奇特です。ほとんどの場合、スマート、あるいはセクシーな身体のほうが好まれます。

血管の内側にあぶらがこびりついています

医学的に見ると、太っている人（隠れ肥満の人も含む）とやせている人では、血管や心臓への負担にちがいが出るそうです。太っている人の血液には中性脂肪が多く、コレステロール値も高めです。

こういう状態の血を放っておくと、やがて血管がつまるのだそうです。心臓の血管がつまれば「心筋梗塞」になり、脳内の血管がつまれば脳梗塞になるのですが、この二つは、ガン（悪性新生物）に次いで多い日本人の死因です。

「そんなの、年寄りの病気じゃん」と思っている方もいるでしょう。

たしかにそのとおりです。ちょっとくらい肥満気味でも、いますぐに命がおびやかされるわけではないでしょう。しかし、年寄りになってから脳梗塞や心筋梗塞になる確率はまちがいなく高くなります。だからいまから、デブにならないよう予防しておくことが大切なのです。

心筋梗塞や脳梗塞が恐ろしいのは、ある日突然、あなたを襲うことです。一生懸命仕事をし、40代になってようやく楽しくなってきた人生に、突然ピリオドが打たれます。とくに冬場は、血管の収縮や痙攣《けいれん》が起きやすくなり、血管がつまる可能性も高くなります。トイレで力んだ瞬間に……とか、風呂場で服をぬいだ瞬間に……とか、そういう最期は、さえない下半身が丸出しであるという理由も含めて、さけたいですよね。

であれば、あぶらっこいものはあまり食べないほうがいいでしょう。ウニやイクラ、卵やチーズも減らしたほうがいいかもしれません。唐揚げやピザ、カツ丼なんてのもさけたほうがいいでしょう。

これらはあくまで予防ですから、「脂ものを食べなければ大丈夫」というわけではありません。また、予防に決定打はありませんし、ほかにも、塩を1日10g以下にする、砂糖を1日20g以下にする、健康診断を受けるなど、いろいろな方法があります。

理想は全部やってみることです。予防とはつまり、ジタバタすることなのです。

面倒くさいですか？　でも、病気のほうが面倒です。あっちこっち痛みますし、薬を飲んだり塗ったり、病院に通ったりするわけですからね。医療費を稼ぐために老体にムチ打って働くのも苦痛です。

ちなみに、ラクしてやせる方法を模索中の方もいるかと思いますが、探すだけムダです。

深夜の通販番組では、健康食品やダイエットマシンなどあらゆるものが売り出されていますが、簡単にやせられるのであれば、そもそも世の中にやせたい人はいないはずですよね。誰が言ったか知りませんが、本当に健康なのは、毎日牛乳を飲む人ではなく、毎日牛乳を配達している人であり、予防に勝る方法はないのです。

タバコをやめるための思考法

タバコも万病のもとです。タバコの箱にも書いてある通り、「肺気腫」や「脳卒中」になる確率も高くなりますが、喫煙者にはほかにも、以下のようなリスクが生じるそうです。

- 肺ガンによる死亡率が約4・5倍高い
- 虚血性心疾患（心筋梗塞や狭心症等）の死亡の危険性が1・7倍高い
- 脳卒中の死亡の危険性が1・7倍高い

どうやら、タバコが健康を害することは間違いないようですね。世の中には、公害とか変態とか暴走トラックとか食品添加物とか、危険なものがたくさんありますが、もっとも身近な危険は、手元でけむっているタバコです。

しかしながら、全国の喫煙者率は20代～30代男性で30％前後、女性も20代で10％前後と減ってはいますが、下げ止まっているようにも見えます。そもそも喫煙者には、「身体に悪いことは知っている。でも、やめない」という確信犯的なところがあります。「身体に悪い」なんていうおどしは、馬の耳に念仏、スモーカーの耳に肺ガン情報です。

ということで、食後の一服をささやかな楽しみにしている方の人生に、水をさすつもりはありません。「やめる必要性を感じない」という方は、どうぞ吸いつづけてください。

ここでは、「やめたい」「でも、やめられない」という人に、やめるための思考法をご紹介したいと思います。

ポイントはただひとつです。「ニコチン中毒のせいでやめられない」という考え方を変えることです。

京都大学のグループが調査したところ、ヘビースモーカーでもタバコが1箱600円になると30％、800円になると68％が禁煙を試みることがわかっています。現に米国では州によって1箱1000円ほどするのですが、値段が上がったことでスモーカーの数もいっきに減ったといいます。

こうした事情からわかるのは、タバコはやめようと思えばやめられるものであり、身体(=ニコチン依存)のせいというより、「高い」「もったいない」「お金がなくなる」などと考える脳(=思考や判断基準)の問題であるということです。

覚せい剤やアルコール、ギャンブルは、「打ちたい」「飲みたい」「遊びたい」という理由から借金苦におちいったり、犯罪に走ったりするケースがよく起きます。これは身体と脳の両方がむしばまれるからです。しかし、タバコ代のために借金をした、事件を起こしたという話は聞いたことがありません。ニコチンの中毒性なんてものは、その程度でしかないのです。

別の言い方をすると、意思さえ強く持てば、タバコは簡単にやめられます。たとえば、「ガンで苦しんで死ぬ」「血管がつまって廃人になる」といったリスクについて、本気で考えてみてください。苦しいですよ。悲しいですよ。痛いなんてもんじゃあないですよ。

また、タバコの副流煙によって周囲の人が肺ガンになる可能性は1・17倍高くなるそうですが、そういう事態を招くのは、誰のせいでもなくタバコをやめないあなたのせい。愛する妻や子が、あなたのせいでガンになり、やせこけ、真っ赤な血を吐いてのたうちまわる姿を真剣に想像してみてください。せつないですね。泣きたいですね。かわってあげたいけどかわれませんね。

「一服したいなあ……」と思った際には、一つ息をついて、そんなことを考えてみてください。真剣に考えれば考えるほど、タバコが吸いたくなくなるはずです。ちなみにニコチンの禁断症状は1週間ほどで終わります。

つけ加えておくと、長いことタバコを吸っていけば、やがては身体をこわし、医者から「吸うな」といわれます。ドクターストップです。遅かれ早かれ、どの道やめることになるのであれば、見知らぬ医者に強制されるよりも、自分の意思でやめたほうが何倍も清々しいことでしょう。

また、世間には「タバコをやめると太る」という通説があります。「お菓子やチョコばっか食べちゃって、5キロも太った」みたいな話もよく耳にします。しかし、お菓子やチョコレートの中毒性はニコチン以下です。タバコをやめられた人が、お菓子をやめられないはずはありません。よけいな心配はいりません。

飲み方、飲む量にも大人のひと工夫を

お酒も万病のもとです。111歳まで生きた田鍋友時さんという男性日本一長寿の方も、長寿の秘訣は「酒を飲まないこと」だとおっしゃっていました。

「ええ？　お酒もかよ」という人もいるでしょう。仕事の後の一杯を楽しみにしている方の人生にも、水をさすつもりはありません。飲みたい方はどうぞ。

ただ、いちおうお伝えしておきますと、お酒をたくさん飲みつづけていくと、そのうち「肝硬変」になります。これがどれくらいヤバイものか、簡単に説明しましょう。

「肝硬変」は、肝臓への負担が続き、肝臓のなかに脂肪がたまるようになったのちに、肝臓が縮み、硬くなるという重病です。書いて字のとおり硬くなり、使いものにならなくなるわけです。肝硬変になった場合の生存率は、5年で50％ほどだとか。あなたは2分の1の確率から逃げきれる自信があるでしょうか？

そもそも肝臓は、糖分や脂分の分解、造血、解毒、栄養素の貯蔵など、内臓のなかでも

とくに多くの役割を担う肝心な臓器です。書いて字の通り「肝」となる臓器です。にもかかわらず、目、肺、腎臓などと違い、肝臓はひとり一つしかありません。また、心臓や胃などは、異変が生じた際に自覚症状があるため早期治療できますが、肝臓の病気は自覚症状のないまま進行していきます。別名「沈黙の臓器」と呼ばれているのです。

自覚症状がないものを守るには、「予防」するしかありません。予防とはつまり、「あまり飲みすぎないようにする」ことであり、具体的にいうと、日本酒なら1合、ビールなら大ビン1本以内にしておくということです。

「少ねぇなあ」ですか？「俺は強いからもうちょっと大丈夫」ですか？

よーく考えてください。みなさんは28歳です。毎日あびるほど飲めた若かりしころと比べ、みなさんの肝臓は十分におとろえました。「飲んできたえているから」なんて言う人もいますが、それは思いこみにすぎません。肝臓は筋肉とはちがうのです。

「飲まざるを得ない日もある」ですか？

おっしゃるとおりです。上司や取引先からの誘いを断るなんてのは無粋です。しかし、「飲め」と言われて素直に飲むのは、世間知らずの若人のすること。上手に飲んでいるフりをするのが28歳の大人です。

睡眠不足な人へのアドバイス

睡眠不足も万病のもとです。

とはいえ、早朝から夜中まで一生懸命仕事をし、「毎日3時間睡眠でがんばっている」という人もいます。「疲れがとれない」「ボーッとする」「イライラする」という声もよく聞きます。「寝たい、でも、寝られない」というそのつらさ、お察しします。

そんな方々に、ちょっとお知らせです。

理想的な睡眠時間について、世間一般では「1日8時間」といわれます。しかし、よくよく調べてみると、その論拠は「8時間くらい寝ている人が多い」ということであり、「8時間寝なければならない」ということではありません。ということで、まずは「8時間寝るべし」という先入観は捨てましょう。

もうひとつお知らせです。眠りのメカニズムはいまいち解明されていないのですが、最近の調査によると、深く、質のよい眠り（ノンレム睡眠）は、寝入りばなから3時間の間に訪れることがわかっています。また、睡眠不足が続いているときなどは、いつもより深く眠れるよう脳が勝手にコントロールしてくれます。つまり、3時間睡眠でも身体はある程度メンテナンスされるのです。

ではなぜ、ボーッとするのでしょうか？ イライラし、何かと面倒くさく感じるのはなぜなのでしょうか？

原因は、あなた自身が「睡眠不足である」と意識しているからかもしれません。「3時間しか寝てないから、集中力がなくて当然である」「ミスしてもしょうがない」「もう帰ろう」など、「寝てない自分」を意識することによって、行動の随所に悪影響が出ている可能性があります。

要するに、考え方ひとつ。ある学者さんによれば、長寿の人は総じて「くよくよしない性格」なのだそうですが、そういう前向きさが重要。短時間睡眠にならざるを得ないのであれば、この際「何時間寝たか」について深く考えるのはよしましょう。「3時前に寝て、6時に起きたから……」というよけいな計算も、しないほうがいいです。「昨夜はちゃんと横になって寝た。だから今日もがんばるぞ！」くらいポジティブに考えたほうが、気分もいいですし、ストレスもたまりません。結果、イライラもミスも減るのです。

ついでにいっておくと、「毎日、11時間は寝ている」という人は寝すぎです。パンダじゃないんですから、そこまで寝なくても大丈夫です。長時間寝ても、重要なのは寝入りばなの3時間ほどであり、後半の数時間は質の悪い眠りが続いているだけです。ならば、さっさと起きてラジオ体操でもしたほうが、いくらか身体のためになります。

おとといの夕飯、思い出せますか？

身体と同じくらい大切なのが「脳」です。ということで、答えてみてください。

・おとといの夕飯は、なにを食べましたか？
・632＋581＝
・1973年は、昭和何年？

これくらいのことはスッと答えられなければなりません。「聞いたことをすぐ忘れる」

「人の名前が覚えられない」「相手の言っている意味が理解できない」という方は、若い人にも増えている健忘症の気配があります。非常に怖いです。脳を使うことを、日々、強く意識したほうがよいでしょう。

とくに最近は、携帯電話があるため、知人の電話番号を覚える必要がなくなりました。計算も計算機がやってくれますし、漢字はパソコンが変換してくれます。しかし、「ラクだなあ」と感じるそのたびに、使われない脳細胞は死んでいきます。「便利」は「怖い」ことなのです。

「記憶力はいいほうだけど、いやなことばかり思い出す」という人も、あまり脳が活性化していません。さて、記憶しているのに、なぜダメなのか。

記憶は脳の海馬という部分が整理します。その機能は、「死んでいく細胞の数∨新たに生まれる細胞の数」で年とともにおとろえるのですが、ある研究によると、新しく生まれる細胞には、不必要な記憶を消す役割があるのだとか。つまり、「忘れたい」「消したい」「思い出したくもない」記憶がいつまでも脳にこびりついている人は、新しい細胞が増えていない可能性が高いということなのです。これも怖い話です。やはり、日々、脳を使い、新しいことを覚える努力をしたほうがよいでしょう。

脳を活性化させるもっとも確実な方法は、脳を使うことです。

ただ、問題はその使い方で、受動的に使ってもあまり意味はありません。「言われた仕事をこなす」とか、「ただボーッとテレビを見る」のでは、脳はいまいち活性化されません。「言われていないよけいなこと」について考えたり、「刺激のあることを自主的にあれこれ想像してみる」のが大切。エロイことを考えるということではありませんよ。まあそれもいいですが、28歳にはほかにも悩むべきテーマがあります。悩みごとは、ありすぎるとストレスになりますが、ひとつふたつは脳のトレーニングになるのです。

もっと基本的なことでいえば、字を書くとかメモを取るなど、手を動かすことも重要。また、運動して、脳内の血液の流れをよくすることも大切。パソコンに向かう視覚的な仕事が多い人は、ラジオや音楽などを聞いて聴覚を刺激することもできます。食べものの工夫もできますし、人と話すことにも効果があります。

要するに、やれることはいろいろあるんですね。それを見つけてあれこれ試行錯誤するのも脳トレの第一歩。ボーッとしていてはいけないのです。悩みすぎるとハゲるなんてことをいいますが、ハゲないように何をすればいいかについても、しこたま悩んでみましょう。ボケよりもハゲのほうがマシなのです。

過ぎた28年より、これからの50年

最後に、「老いる」ことについて考えてみましょう。

日本人の平均寿命は、男女ともに80歳を超えています。1960年代には先進国でビリだったのに、いまや世界のトップクラスです。あと50年以上も生きることを踏まえると、いま、あなたにとって重要なのは、過ぎた28年をなつかしむことではなく、これからの50余年にそなえることだといえるでしょう。

また、いじけた話で恐縮ですが、年とともに筋肉や脳がおとろえるということは、何をやっても若者（や昔の自分）に勝てなくなるということです。しかし、体力面では若者に負けますが、勝っている部分もあります。それは、経験と知識と知恵です。

「太ってきたなあ」と思ったときに、食べものをコントロールし、運動すること。また、その中から、自分に合った効果の高い方法を選ぶこと。これは経験です。

「太っていても平気」とないがしろにせず、正しい情報を得ること。これは知識です。無知というのも、これまた万病のもとです。

とはいえ、「太ってはやせる」のくり返しでは、「いたちごっこ」であり「モグラたたきゲーム」です。そこに気づき、太らないよう工夫すること。これが知恵です。

あなたが何歳まで生きるかは、死ぬときまでわかりません。もしかしたらギネスブックに認定されるくらい、長生きするかもしれません。長寿の日本人であれば、その素質は十分にあります。一方、昨今の平均寿命が伸びとどまっているのは、中高年や老年の自殺が増えているからという説があります。予想以上に長生きしたために、健康面で立ちゆかなくなり、うれしいはずの長生きが「生き地獄」になってしまう人も増えているわけです。

健康を考えるということは、「死」と正面から向き合うということでもあります。28歳にとって死は遠い存在かもしれませんが、人はいつか死にます。致死率100％です。死をゴールにしている人はいないでしょうが、死はゴールとして存在しているのです。

さて、あなたはどうやって死ぬのでしょうか？

家で死ぬのか、病院なのか。直前まで元気だったのか、「痛い～痛い～」だったのか。

あらゆる道がありますね。

その中で、できるだけマシなほうへ進むために必要なのが、経験、知識、知恵。これらを使って、できるだけ身体を長持ちさせていくことが非常に重要。うまく老いていくための対策は、いますぐにでもはじめなければならないのです。

第6章

親

PARENTS

そもそも「親の問題」ってなんだろう?

この章では「親の問題」について考えていきます。もう少し正確に言うならば、「親の問題」ではなくて「親が原因で子どもにふりかかってくる問題」ということになります。たとえば「年金」や「介護」であり、「最期のみとり方」や「相続」の問題です。

で、いきなりナンですが、もしもみなさんのお父さんが、所ジョージや明石家さんまであれば、この問題について考える必要はありません。つまり、ありあまるほどのお金をもっていれば、ということですが、お金さえあれば親の問題はほとんどが解決ずみです。そうではない大多数のみなさんには、やがていつかは必ず「親の問題」と向き合わなければならないときが訪れます。

この問題を考えるときには、ふたつの側面から取り組む必要があります。ひとつは、親が老いたことで生じるこれらの問題に対して、子どもであるみなさんが、どのように関わり、どのように解決していけばいいのかという、きわめて現実的な一面です。お父さんがボケてウンチを壁にこすりつけてヘラヘラ笑っているときになんとかするのは、ほかでもない、みなさんの「義務」です。もう一つは、何十年後かの「みなさんの問題」としての一面です。いまから何十年かあと、みなさんは親と同じような状況を受けいれなければなりません。もしかしたらそのころ、社会や時代はいまよりもっときびしく不幸な状態になっているかもしれません。そのとき、みなさんには子どもがいるでしょうか？　その子どもたちは、みなさんが親に対してしてあげたような「解決方法」を実行することができるでしょうか。できるように、子どもをきちんと育てなければなりません。あるいは、子どもがいなければ、自分でやらなければなりません。いずれにしても、いまから準備（覚悟）しておくことが必要です。

「親の問題」について、もう少し、具体的に見ていきましょう。みなさんのお父さんがいま現在、50代半ばだと仮定して、サラリーマンや公務員であれば、あと5年ほどで定年を迎えることになります。再就職する人も少なくないでしょうが、そう遠くない将来、無職になります。役員として会社に残ったり、天下り先を転々とできるのは、限られた人々だけでしょう。ほとんどの人が無職になるのです。無職になるということは、収入がとだえるということ。さあ、いったいどうやって生活をしていくのでしょうか。年金や退職金があるから大丈夫？　大丈夫だといえるほど、十分な金額が支給されるのでしょうか？

さらに、その「無職」の状態は何年くらい続くのでしょう。日本人の平均寿命は男性が80・50歳、女性が86・83歳です（2014年）。60歳で定年退職したとして、みなさんのお父さんはそれから20年近くも生きていきます。お母さんはどうですか？　仮にお父さんよりも3歳年下だとすると、収入がない状態で30年近くを生きていくことになります。最後の10年は、お父さんはすでに亡くなっていて、お母さんひとりだけになります。

生活費は？　住まいは？　病気になったら？　介護は？　葬儀は？　お墓は？　数えきれないほどの「？」が、まるで不幸の鱗粉をまき散らす邪悪なチョウのように、みなさんとみなさんのご両親の周囲をゆらゆらと飛びまわっているのです。

定年退職後の両親の「収入」は？

なんて、いきなりオドシてしまいましたが、心配することはありません。まだ、時間はけっこうタップリとあります。それに、当事者であるみなさんのお父さんやお母さんだって、「そのこと」を考えていないわけがないのです。いつの時代も、子が親を思う心など親心にはかなわないのですから。でも、親の心子知らず、では困ります。みなさんの親が将来のことについてどう考えているのか。そして、現状や社会制度がどうなっているのか、子どもとして知っておかなければならないことは、たくさんあります。

たとえば、自分の親が何年後に定年退職するのか、あなたは正確に知っていますか？最近は「親の誕生日を知らない」という親不孝な子どもが増えているといいます。イエス・キリストの誕生日は忘れないのに。それから、「親の勤め先を知らない」という無関心な子どもも多いといいます。一度くらい、ヒザをつき合わせて話してみましょう。

定年退職するのがいつかがわかったとして、その後はどうやって生活していくのでしょう。一般的には「年金」で生活していくことになります。では、みなさんの親がいくらくらいの年金をもらえるのか、知っていますか？　もしかして「年金記録が消えていてもらえない」なんてことはありませんか？

公的年金には2種類があります。「国民年金」と「厚生年金」です。お父さんがサラリーマンや公務員なら「厚生年金」に加入しているはずです。自営業なら「国民年金」です。専業主婦のお母さんも「国民年金」です。また、それぞれの年金には、いくつかの種類があります。年をとったときにもらえるのが「老齢年金」で、障害を負ったときにもらえる「障害年金」や、本人が死亡したときに家族が受けとれる「遺族年金」があります。

では、老後の生活費になる「老齢年金」は、「何歳」になったときに「いくら」もらえるのでしょうか。まず、自営業だったお父さんや専業主婦だったお母さんがもらえる国民年金は、原則として65歳から受けとることができます。金額は、20歳から60歳までの40年間、加入していた人で月額6万5０００円です。加入期間が40年に満たない場合には、期間に応じて減額されます。加入期間が25年以下では、1円たりとも受けとれません（10年に短縮される予定）。また、特例として、60歳から受けとることもできますが、支給額が減額されます。逆に、支給開始を70歳まで遅らせることもでき、この場合には支給額が増額になります。

サラリーマンだったお父さんの厚生年金は、ちょっとややこしくなります。生年月日によって支給開始時期が異なり、加入期間や在職期間中の給料によって支給金額が異なるのです。かいつまんで説明すると、次のようになります。昭和36年4月2日以降に生まれた男性と、昭和46年4月2日以降に生まれた女性は、国民年金と同じように65歳から支給されます。これ以前に生まれた人は、誕生年に応じて段階的に65歳よりも早い時期から年金の一部が受けとれます。昭和16年4月1日以前に生まれた人は、全額が60歳から支給されます。金額についてはさらにややこしくなるので、細かい話はやめてしまいましょう。結論だけ書きます。40年間、平均的な給料をもらっていたサラリーマンで、月額16万5000円です。公務員だった人が受けとれる共済年金（現在は厚生年金に統一）は、厚生年金よりも若干恵まれているといったところです。

年金についてまとめておきましょう。

●父親がサラリーマンで母親が専業主婦（または母親が会社員で父親が主夫）

お父さんがサラリーマンで、20歳から60歳までの40年間をまじめに勤めあげ、お母さんは専業主婦として家庭を守りつづけた場合（厚生労働省ではこのような家庭をモデル世帯と呼ぶ）、お父さんの厚生年金16万5000円とお母さんの国民年金6万5000円を合わせて、ふたりで毎月23万円がもらえます。お母さんも勤務経験がある（厚生年金に加入していた）場合には、その分、もらえる金額が増えます。逆に、お父さんが若いころ、インドで1年、アメリカで2年、下北沢で5年、「自分探し」をしていたというような場合には、その分は減額されます。

●両親ともに自営業者（もしくはどちらかが専業主婦・主夫でも同じ）

お父さんが自営業者でお母さんが主婦という場合には、ふたりとも国民年金ですから、6万5000円×2＝13万円しかもらえません。この場合にも、どちらかに「保険料の未納期間」があれば、その分は減額です。

ここにどのような「問題」があるでしょうか。ひとつは、「それで生活していけるか」という問題です。この金額は2016年現在のもので、実際にご両親が受けとる年金額はこれとは異なりますが、おおむねこの程度でしょう。さあ。果たしてひと月23万円で暮らしていけるか。自営業者の夫婦は13万円で生きていけるのか。サラリーマンや公務員なら退職金があるでしょう。貯金だってしているはずです。それに、自営業者なら65歳をすぎたって、その気になれば100歳になったって仕事を続けることができます。しかし、です。もしも、生活費が足りなくなれば、その分を補うのはほかの誰でもない、「みなさん」です。みなさんは自分の親をホームレスにしたくはありませんよね。

もう一つの問題は、「老後の生活費の問題」は37年後のみなさんにも降りかかってくるということです。年金、払っていますか？　払っていたとしても、ちゃんと支給してもらえるのでしょうか。そもそも公的年金とは、現役世代が支払う保険料をもとにして、リタイヤした高齢者に支払う制度です。みなさんが支払っている保険料は現在の高齢者のために使われ、みなさんが年老いたときにはみなさんの子ども世代が支払う保険料をあてにしなければならないのです。ところが、みなさんもごぞんじのように日本の社会は少子高齢化の階段を猛スピードで駆けあがっています。30年前までは5人の現役世代が高齢者ひとり分の年金を支えればすんでいたものが、２０２５年にはふたりでひとり分を負担しなければならなくなる。当然、「ムリ」が生じます。支える側が支払う金額が増えるか、支えられる側のもらえる金額が減るか、もしくはその両方か。それどころか、日本という国自体がめちゃくちゃになる、なんてことにならなければいいのですが。

どうする？　親の介護

かつて日本では「介護は家族の手で」という考え方が基本でした。「家」という制度が健在だったころは、長男の嫁が義父・義母の介護をしたものです。その代わりに、長男には家督を継がせたのです。ところが今日、子どもがみんな「長男」になってしまい、しかも親子の絆がすっかり細くなってしまったため、「家族で介護」は事実上不可能。そこで誕生したのが「介護保険」です。医療保険と同じような制度を導入し、介護サービスを「お金で買う」ようにしたのです。

介護保険は、健康保険や国民年金と同じように、強制加入です。「うちでは介護は子どもがするから」といっても、加入を拒否することはできません。保険料は、年齢や地域、所得などによって異なります。65歳以上を第1号被保険者といい、保険料は全国平均で月額4972円。40歳以上65歳未満を第2号被保険者といい、健康保険料に上乗せされています。親の介護なんて、まだまだ先の話だと思っていませんでしたか？　実は、あと十何年かたてば「保険料の負担」という形で、介護に関わらなければならないのです。

もしもみなさんの親が介護が必要な状態になって介護保険を利用するためには、まず、自治体の窓口で申請を行ないます。どの程度の介護が必要かの判定を受けるのです。これを「要介護認定」といいます。判定結果は、もっとも軽い「要支援1」からもっとも重い「要介護5」までの7段階にわかれていて、段階によって保険から支給される金額が異なります。要介護度が大きいほど、多額の支給を受けることができるのです。要介護認定で自立が可能と認定されれば、介護保険を利用することはできません。

要介護度と支給限度額の関係はおよそ次のとおりです。たとえば要介護2と判定されると、ひと月におよそ20万円分の介護サービスが利用できるわけです。ただし、1割は自己負担になります。限度いっぱい、20万円分のサービスを利用すれば2万円は自己負担しなければなりません。介護が必要なくらいですから、当然、仕事はしていません。おそらく収入は年金だけでしょう。そこから2万円を捻出するのは、決してラクなことではありません。それに、です。果たして20万円分の介護サービスで十分かという問題があります。もしも足りなければ、20万円を超えた分については全額が自己負担になります。

介護サービスには大きくわけて2種類があります。在宅介護サービスと施設介護サービスです。在宅介護サービスは、自宅などに居ながらにして受けるサービスで、ホームヘルパーによる訪問介護やデイサービスセンターなどの施設に通って受ける通所介護サービスが代表的です。施設介護サービスは、文字通り、介護老人福祉施設などの施設に入所することです。介護サービスを受けるときには、どのサービスをどのようにして利用すればもっとも効果的かを考えて「ケアプラン」を作成します。この作業は「ケアマネージャー」という職業の人に相談して行ないます（無料）。

介護保険がスタートしたのが、いまから17年ほど前。もちろん、この制度で介護の問題がすべて解決したわけではありません。保険料や1割の自己負担など、経済的な負担は確実に増加しました。支給限度額の範囲内では、満足できるサービスが受けられないこともあります。ヘルパーが高齢者の貯金を無断で引き出すという事件もありました。また、介護申請の手続きが困難だったり、そもそも福祉を受けることに対する遠慮から、支援を受けずに孤独死をする人もいると聞きます。

かなりややこしい話をしてきたので、ちょっと疲れてしまったのではありませんか？　そんなみなさんに追い打ちをかけるようで申し訳ないのですが、「いまこの瞬間」、みなさんのお父さんやお母さんが「要介護状態」になったとしたらどうなるのか、ちょっと想像してみてください。あり得ない話ではありません。認知症の発症はどんどん低年齢化しています。「○○かい、お母さんだけど。お父さんがボケちゃったみたいで、あたしじゃもう手に負えないんだよ。こっちに帰ってくるのはムリかい？」

そんな電話が突然、東京でひとり暮らしをしているあなたのところにかかってくるのです。冗談じゃありませんよね。せっかく就職して、まだ数年め。仕事にもようやく慣れてきたところだし、彼女だってこっちにいる。とてもじゃないけど、田舎に帰ってオヤジの下の世話などしていられません。「オレにはオレの人生がある」のです。

でも、「その日」はまちがいなくやってきます。しかも「あなたの都合とは関係なく、突然に」です。息子が受験だろうと、娘がピアノの発表会だろうと、あなたの提案した企画が取締会議で認められて大きなプロジェクトがスタートしたばかりだろうと。

では、どうしたらいいのか。この章の最初に書きました。みなさんのお父さんが所ジョージやさんまなら、なんの心配もいらないと。年間1億円のお金が使えれば、専属の医師に美人看護師の2~3人も雇うことができる。それは手厚い介護ができるでしょう。そんなお金のない私たちは、その日に備えて、せめて、心の準備をしておくしかないのです。

「その日」のこと~親はどんな「最期」を期待しているか

縁起の悪い話で恐縮なのですが、親が亡くなったときのことを考えたことがありますか。

そのときの悲しみのことではなく、もう少し現実的なことです。たとえば、お墓のことや葬儀のこと、相続のことです。葬儀には誰を呼べばいいのでしょうか。親の会社の同僚や友だちの連絡先はわかりますか？　家の登記簿はどこにあるのか知っていますか？　財布に「臓器提供の意思表示」をする黄色いカードが入っていたらどのように対応しますか？

現在の日本では80％の人が病院で亡くなっています。病院から「今日明日が山です」という連絡が入ったとしましょう。まずは、病院に駆けつけ、医師から状況の説明を受けます。たとえば「延命措置」について意見を求められることがあります。いったい親はどのような「最期」を望んでいるのでしょうか。

残念ながら亡くなってしまった場合、その後にはさまざまな手続きが待っています。死亡届の提出、葬儀社への依頼、火葬の手続き、葬儀、生命保険会社への保険金の請求……。葬儀には通常200万円から350万円ほどの費用がかかるのですが、どこから捻出しますか？　親の預貯金は、相続が終了するまでは手をつけることができませんよ。

死亡後の大きな問題の一つに「相続」があります。相続ではまず最初に「遺産の確定」を行ないます。どれだけの遺産があるのかを明確にすることです。現金や預貯金などは比較的簡単ですが、土地や宝石、骨董品などは評価がむずかしいのです。また、遺産にはプラスのものだけでなくマイナスもあります。「借金」です。差し引きでマイナスのほうが大きい場合には、相続を放棄することもできます。

遺産が確定したら、だれがなにを相続するのかを決めます。話し合いで円満に解決すればなんの問題も起こりません。解決しない場合には法律が登場します。法では相続権を持つ人（法定相続人）の優先順位と分割する割合が決められています。法定相続人が妻だけ、あるいは子どももひとりだけの場合は、全額をその人が相続します。妻と子どももひとりの場合は、2分の1ずつです。子どもが複数いる場合には、均等分割します。たとえば妻と子どもふたりで相続する場合は、妻が2分の1、子どもがそれぞれ4分の1ずつです。

これらに優先されるのが「遺言」です。遺言に「世話になった角のタバコ屋のおばあちゃんの孫娘に遺産を全額あげてくれ」と書かれていたら、その通りにしなければなりません。これは極端な例ですが、死ぬまでほとんど顔も見せなかった子どもに遺産をとられるのがいやで「全額を施設に寄付」というケースはあり得ます。ただし、遺言が残されていても遺産の半分は法定相続人が相続することができます。先ほどのケースでは、タバコ屋の孫娘に半分、残りを法定相続人で分割することになるわけです。

次は相続税の支払いですが、一般家庭では相続税を支払うケースはそう多くはありません。3000万円＋（600万円×法定相続人の数）までは税金がかからないのです。たとえば、妻と子どもふたりが相続する場合、4800万円までは無税です。都心に一戸建てでも持っていない限り、なかなか4800万を超えることはないのではないでしょうか。また、生きているうちに贈与をする「生前贈与」なら、年間110万円までは無税です。

これはほんの一部ですが、「死」にはじつにさまざまなものごとが付随してくるのです。しかもたいへんにデリケートな問題です。いきなり「生前贈与してくれ！」と言われて怒り出さない親は少ないでしょうし、「遺言を書いてくれ！」と言われて悲しまない親はあまりいません。少しずつ、機会をうかがい、時に応じて話し合うしか方法はありません。

親の死について考えるということは、自分の生について考えるということでもあります。28歳のみなさんにとって、決して遠すぎるテーマではないはずです。

第7章

常識

MANNERS

マナーがなっていなくても、常識が多少足りなくても、これまでは「知らなかったッス」と笑って切り抜けられました。しかし、もはやそうはいきません。28歳は、できる大人とそうでもない大人の差がつきはじめる時期なのです。「かたくるしいことはパス、パス」と逃げているあなた、いまのままではフォーマルなディナーにも、結婚式や葬式にも、参加できませんよ。

大人の常識が問われる年齢

突然ですが、あなたは自分が「常識人である」と断言できるでしょうか？

「国際情勢にもくわしいし、薔薇という字も書ける。ダイジョブ」というあなた、常識と知識は似ているようで微妙にちがいます。もちろん、知識はあるに越したことはありませんが、ウンチクが得意な人が必ずしも常識人とは言いきれません。

「挨拶もできるし、箸も正しくもてる。ダイジョブ」というあなた、ご両親に感謝ですね。では、「正しいお土産のわたし方」はわかりますか？　常識には、親、先生、近所の大人から教わる「人としての常識」のほかに、社会に出てからあなた自身で身につける「社会人としての常識」というものもあります。

実は、世の中には自分の「常識」に不安を持っている人がたくさんいます。また、本人は不安を持っていないのに、周囲から「非常識」のレッテルを貼られているダイジョブじゃない人たちもたくさんいます。たとえば、28歳のY夫くんは、「性格の不一致」を「性格のWHICH」だと思いこんで生きてきたそうです。N子さんは、「団塊の世代」を「ダンコンの世代」と読み、以来、「チンさん」というあだ名で呼ばれています。

ということで、ちょっとやってみましょうか？

□「拝啓」で書き出した文章は、〇〇で終えます　A・謹白　B・敬具
□日本から海外旅行する場合、〇〇のときにトクします　A・円高　B・円安
□水に浮くのはどちらでしょう？　A・スイカ　B・ジャガイモ

簡単すぎましたか？

そうでもないという方は、危機感をもったほうがよいかもしれません。マンガ雑誌やネ

ットを知識のよりどころにしていると、「あの人、イタイ」と言われるのも時間の問題です。

28歳たるもの、「仕事がよくできる」「いい家庭を築いている」だけでは不十分。しっかりした常識があってこそ、ひとりの大人として評価されるのです。

まずはビジネスマナーのおさらい

もっとも、知識不足は一時の恥に過ぎません。あとづけで勉強すればどうにでもフォローできます。しかし、立ち振る舞いや礼節、マナーに関する常識はそうはいきません。一生の恥として語りつがれる可能性や、一生を左右する命取りの失敗になることもあります。

ということで、まずはビジネスマナーを復習しておきましょう。

たとえば、会議や打合せが行なわれるとします。これまでは上司が段取りや仕切りを行なっていたかもしれませんが、30代になると、あなたが仕切る場面が増えます。

まず、客人を部屋に通す上で知っておかなければならないのが「上座」と「下座」です。

簡単にいうと、「入り口からもっとも遠いところ」「正面を向いて右側」が上座。座敷などの場合は、床の間側が上座です。

では、エレベーターの上座はどこでしょうか？

正解は、ボタン側の奥。下座はボタンの前です。タクシーは、運転手の真後ろが上座で、助手席が下座。電車（ボックス席）は、進行方向に向いた窓際が上座、進行方向逆向きの通路側が下座です。覚えておきましょう。

客人との挨拶や名刺交換は、立ち上がって行うのが基本。客人が遅れてやってきた場合も、立ち上がって迎え、自分以外の人が名刺交換する場合にも、立ち上がって見守ります。つまり、何か動きがあった際には、とりあえず立ち上がっておけば大丈夫。座敷などで座って挨拶が行なわれる場合は、座布団からいったんおります。ボーッとしていちゃいけません。いつ、誰が、どこからあらわれ、どこに向かうのか、広ーい視野を持つことがビジネスマナーのキホンです。

「とりあえずメールで」は非常に危険

普段、なにげなく使用しているeメールも、落とし穴になります。とくに最近は、何でもかんでも「メールですまそう」と考える人が増えています。また、「メールを送る」ことが任務の完了であり、それが仕事をしたアリバイになると思い込んでいる人も増えています。こういう悪いクセは、早いうちに治さなければなりません。メールでの連絡や報告は、相手が読まなければ、存在しなかったのと同じ。急な連絡や重要な報告ほど、「口頭>電話>メール」で考えなければならないのです。

メールは便利です。そのため、使用頻度が高く、ついおざなりに使ってしまいがちです。だからこそ、緊張感が求められます。なぜ、こんなあたり前のことを書いているのかというと、今後はみなさんが、後輩社員たちにビジネスマナーを教える立場になるからです。メールは、送信してしまったらそれで最後。「この見積り、メールで送っていいッスか?」と問う後輩に「いいんじゃない?」と生返事する前に、この案件をメールで送ってよいのか、この文面でよいのかなど、あなたが判断し、訂正できるようにならなければならないのです。

スマホを使いこなすのも「常識」

メールと並んで活用頻度が増えているのがスマートフォンです。「ちょっとした雑用はスマホでやってのける」という力量は、あって決して損しません。「できて常識！」と断言するほどではありませんが、さて、あなたはこんなことできますか？

□東京駅から青砥駅までの行き方と所要時間を調べる
□三宮駅近隣にあるマクドナルドを調べる
□日本マクドナルドの株価を調べる
□苫小牧の明日の天気を調べる
□宮崎市内のビジネスホテルを調べ、予約する
□今日の「金運」を調べる
□「しょう油」の漢字を調べる
□「しょう油」の英訳とスペルを調べる

□氷室京介の新譜ＣＤを購入する
□ワリカンの飲み代をその場で相手に振り込む

すべてできなければならないわけではありません。しかし、上司や取引先と同行する際、「あ、それならスマホでできますよ」なんてこなす人は、必ず評価が上がります。

葬儀の知らせは突然やってくる

会社から一歩出ても、常識力を問われる場面はたくさんあります。「衣食足りて礼節を知る」といいますが、衣食住が足りてきた28歳は、礼節を知らなければならないお年ごろ。冠婚葬祭の場面で非常識な姿をさらすと、「無礼者」のレッテルを貼られます。

たとえば、「葬」。みなさん、礼服はお持ちでしょうか？　なければ次の休みにでも、さっそく買いに走りましょう。「礼服がないんで欠席します」じゃあすまされません。

香典の書き方はわかりますか？

これはあらかじめ準備しておかなくても、コンビニでいつでも買えるから安心です。不祝儀袋を選ぶことくらいはご存知かと思いますが、文字は、普通の筆ペンではなく、薄墨のもので書くのが一般的（地方によって異なります）。「涙で墨が薄まっちゃいました」という意味です。これもコンビニや文具店で手に入りますので、一本買っておきましょう。

包む金額は、親しさなどによって変わります。友人や会社関係の人であれば5000円が相場でしょう。不祝儀袋のうしろ、あるいは、内袋のうしろに、包んだ金額を書き忘れないようにしてください。「5000円」じゃダメですよ。「伍阡圓也」です。1、2、3、10も、壱、弐、参、拾です。

香典の出し方も見られています。

上着の内ポケットにむき出しでつっこんで持参する人もいますが、袱紗《ふくさ》に包むのが本来の姿。葬儀ですから、誰も細かく注意しないでしょうが、「あーあ、若いなあ」となげかれているにちがいありません。

葬儀に参加しない場合は、香典を現金書留で送るのが一般的です。金額は参加する場合と同じですが、おくやみのメッセージを同封しましょう。また、弔電を打つのも忘れずに。

「葬」は、突然やってくるものです。あわてふためいて大恥をかかないよう、心と身の回りの準備をしておくことが、28歳に求められる常識です。

お見舞いは、出向くタイミングと見舞い品に注意

病気や入院の知らせも、予告なしにやってきます。

こういうケースでは、訃報のときのようにすぐに駆けつけてはいけません。まずは先方の様子を聞き、見舞いに行っていい日をたずねた上で、お見舞いをもって出向きます。

また、入院したのが会社関係のえらい人であれば、上司と同時、あるいは上司よりも後に見舞うようにしましょう。上司の顔をつぶしてしまうと、あなたの将来が大ケガを負います。

見舞い品は、「早く良くなってください」というメッセージですので、新品のパジャマや低反発素材の枕など、「どうぞ長ーく苦しんでください」と感じさせるものはさけたいところ。病気で入院している場合は食事制限されているケースがあるため、食べものよりも飲みものを選んだほうが無難です。花は一般的ですが、根づく（=寝づく）イメージの

鉢植えはNG。花束も、あまり大きいと「お祝い？」という感じになりますし、日々、水をかえる当人もたいへんです。

ということで、リスクが少ないのは雑誌や本。長期入院になった友人の場合に限っては、上中下3巻の長編小説や、DVDボックスがよろこばれることがあります。病院は消灯が早いので、携帯ラジオなども喜ばれるケースが多いようです。

結婚式は、断る際にとくに注意

「婚」は、予告があるという点で「葬」よりも簡単です。そうはいっても、やはり基本はおさえておきたいところです。

招待状が届いた際、友人の場合は、先だって電話やメールで「行くよ。おめでとう」なんてひと声かけるかもしれません。しかし、ソレはソレ、招待状は招待状。早急に返信しましょう。

お祝い金は、4万円や6万円など、偶数の金額をつつまないこと（2と10以上の場合は可）は当然として、3万円の御祝儀で、袋がやけに立派というのもかっこつきません。

3万円には、ヒモが中央で丸結びになっているもの（結びきり）が似合います。5万円包む場合は、結び目が交差しているちょっと豪華なもの（あわび結び）、10万円包む場合は、さらに豪華な飾りつきのもの（水引細工）がいいでしょう。中身と外身の派手さは比例します。

スピーチにも注意しましょう。アドリブはおそらく失敗します。

まずは言いたいことを書きおこしてみてください。「たまたま」「ときどき」「いよいよ」など再婚を連想させる重ね言葉が含まれていませんか？　タブーです。言いかえなければなりません。「ますます愛情が……」なら「いちだんと愛情が……」といった具合です。「切る」「終わる」「去る」など離婚を連想させる忌み言葉も失笑ものです。「思いきって」は「いっそのこと」、「去年」は「昨年」にいいかえましょう。国語力が問われます。

結婚式で意外と面倒なのが、欠席する場合です。

ハガキのみで欠席を連絡するのは失礼です。まずは電話か直接会うなりして、「出席できずにすみません」的なことを伝えましょう。それがすんでから、あらためて欠席のハガキを返信します。ただし、欠席の返信はあまり早く出しすぎないのがポイント。相手にとって、最初の返信が欠席だと気分が悪いからです。

欠席時に御祝儀を出す場合は、友人で1万円、会社関係の知り合いであれば5000円が相場です。結婚式や披露宴に出席する誰かに託すなど、当日までに当人に届くようにしましょう。

結婚式や披露宴に招かれていない場合は、相手に「招かなかったのに」という気づかいをさせない配慮が必要です。御祝儀やお祝いの品を送る場合は、式が終わってからです。

会社で祝事が発生。そのときあなたはどうする？

「冠」や「祭」には、上司の還暦、知人の子どもの進学や就職、出産祝い、新築祝いなどがあります。「葬」や「婚」とちがい、これらはマストではありませんが、祝えばそれだけ好感度や、出世の可能性がアップします。

たとえば、上司の栄転や昇進を聞きつけたとしましょう。さて、どうしますか？

まずは本当に「栄転」なのかを確認しなければなりません。

「どうやら左遷のようだ」という場合、贈りものの表書きは「お祝い」ではなく「お礼」

にしましょう。

「栄転でまちがいない」という場合も、はりきりすぎは危険です。部や課による「全員からの贈りもの」が優先です。ただ、お世話になったからどうしてもお祝いを贈りたいという場合は、勤務時間外に、会社の外で渡しましょう。期間は、正式な辞令（ウワサで先走らないように！）から着任までの間です。

同僚や後輩の栄転・昇進祝いでは、一方に「栄転できなかった人がいる」ことを踏まえ、ド派手な催しはさけましょう。当事者だけでなく、その周辺にも広く気づかうのが、大人の礼節です。

おめでたい「冠」「祭」は、ほかにも出産、進学、新築などいろいろあるわけですが、「還暦のあの人に、赤いものを」とか「子どもが生まれた先輩に、ベビーグッズを」とプレゼント選びしていくと、「ホントに喜んでくれるのだろうか？」という疑問にぶち当たります。そもそも、すべての贈りものに共通することですが、喜ばれるかどうかは、あげてみないとわかりません。

ということで、「相手のほしいモノがわからない」という人は、「あげる側の気持ちが大切」とわりきりましょう。「考えるのが面倒くさくなってきた」というくらい考えぬいたという人も、その努力はきっと相手に伝わるはずです。

「いいや、俺はあきらめない。絶対に喜ばれるものをあげたい」という人は、現金にしたらどうでしょう。まちがいなく喜ばれます。ただし、目上の相手に現金を贈るのは失礼にあたりますので、百貨店やクレジットカード会社の商品券などにしましょう。

お呼ばれした際に育ちがバレる

具体的なケースについても考えてみましょう。たとえば、知人の家に招かれた場合。

お呼ばれのときには、お菓子の詰め合わせなど、お土産を用意しなければなりません。こういうお土産ものは、紙袋のまま「どーぞ」ではなく、袋から出して渡すのが礼儀です。

先方の家に愛息・愛娘がいて、残念なことに呼ばれたのがお正月であれば、お年玉を用意する必要もあるでしょう。前もって、何歳の子どもが何人いるか調べ、ポチ袋を準備しておかなければなりません。もちろん、あげる前には親に断りましょう。動物のエサと子どもへのお年玉は、飼い主の許可を得てからです。

さて、いくらあげましょうか？

自分の幼少期をふり返ろうにも、昔すぎて思い出せません。そこで調査を見ると、小中学生には1000円〜3000円、高校生以上には5000円が相場だそうです。

展開によっては、「ご飯、食べてってください」ということもあります。「食べる」という行為は、人の本能であり、本性や育ちが出てしまう恐ろしいものです。ひじをついて食べる、足を組んで食べるなんてのは論外ですが、「実はピーマンが苦手で……」というわがままも、お呼ばれの席では基本的に許されません。まあ、紆余曲折はあるかもしれませんが、「終わりよければすべてよし」です。きれいに食べきりましょう。

料理をもてなす側があなたに期待していることは、「よろこんで食べてもらうこと」です。したがって、「ウチの実家はもうちょっと薄味ですけどね」など、余計な評価はいりません。ひと言、「おいしかったです。ごちそうさまでした」で、丸く収めましょう。

お呼ばれにおけるあなたの評価は、数カ月もすればわかります。次回もお呼ばれする機会があれば、ひとまず合格。めっきり呼ばれなくなれば、失敗だったということです。

正しいお礼ができてこそ一人前

お呼ばれなどしてお世話になったら、お礼状もしっかり出しましょう。礼節のキホンは、あげるときはあげる、もらうときはもらう、もらったらお礼をする、です。もっとも、「ごちそうさまでした」のハガキ一枚出すだけなら、小学生にもできます。誤字脱字だけの礼状なら、出さないほうがマシです。さて、正しいお礼状、書けますか?

まず封筒は、宛先を中央に書きます。文字をまちがえたら、修正液で消すのではなく、新しい封筒を使うこと。また、漢字を略してはいけません。複数の宛名がある場合には、それぞれに「様」をつけます。左上に切手を貼ったら、表書きは完成です。簡単ですね。基本は縦書きですが、洋封筒の場合は横書きでも可。この場合、切手は右上(縦長の封筒に対して左上にくる位置)に貼ります。

さて、裏返して、封筒のど真ん中(封筒のつなぎ目)より右側に日付を書き、左側に自分の住所と氏名を書きます。文字を書きづらいこの場所が、封筒の「下座」です。洋封筒の場合は、下段中央に、住所と氏名を右揃えで書きます。

立派な封筒ができたら、いよいよ肝心の中身です。ここでは、フォーマルで通用するお礼状をサンプルにしますので、相手との親密度によって内容をアレンジしてください。

文章はやはり、縦書きが基本。書き出しは、「面倒なので略しますよ」という「前略」をさけ、「拝啓」や、より丁寧な「謹啓」などを使います。次いで、季節の話などを書いてみましょう。

本文では、まず用件を伝えましょう。たとえば、お呼ばれのお礼であれば、「先日はごちそうさまでした」的なことを伝えます。なにかプレゼントをもらった場合には、「ありがとうございました」的なことと、どのようにそのモノを使用しているかも書き加えると、最高です。

文章を改行する際には、単語や文節の途中で切れないよう調節してください。お礼状は、式典のスピーチと同様、短いほうがいいのですが、2枚以上になる場合は、便せんに番号をふっておきましょう。

しめの言葉は、「ご自愛くださいませ」など、相手の体を気づかう一文がいいですね。冒頭でも触れましたが、拝啓と敬具はコンビ。謹啓は謹白や敬白とコンビです。女性の場合は、「かしこ」がオールマイティで使えます。

ということで、きれいなお礼状ができたでしょうか？　不格好な余白が目立ったり、尻つぼみになったら書き直しです。手間を省くためにも、下書きしてからのほうがいいでしょう。

フォーマルなパーティに備えよう

30歳に近づくにつれ、「パーティにお呼ばれする機会」もぼちぼち増えます。こうしたお上品な席で、とくに気をつけたいのが、言葉使いです。

ところでみなさん、なにかにつけて「ヤバイ」「スゲェ」なんて連呼していませんよね？「このシャンパン、超ヤバイ！」なんて言う人に、ドン・ペリニョンを飲む資格はありません。水道水で十分です。

また、「これ、フツーにおいしい！」という表現もやめましょう。まあ、気持ちはわかります。おいしかったのでしょう。ほめているつもりなのでしょう。しかし、周囲からはそうは受けとってもらえません。パーティでフツーの食事は出ないのです。

語尾の「ッス」もやめましょう。「おいしいッス」「食べたいッス」「ごちそうさまッス」

など、スッススッスは、品がないッス。

パーティでの立ち振る舞いはほかに、こんなことにも気をつけてください。

〈カジュアルな立食パーティの場合〉

・一度に皿を山盛りにしてはいけません
・高いモノや好きなモノばかり盛ってはいけません
・一度使った皿はカウンターなどに戻し、料理を取るたびに新しい皿を使用します
・前菜からメーン、デザートまで、まんべんなく食べられるようペース配分しましょう
・「これ、おいしいですよ」とかいいながら、人の皿に勝手に取りわけてはいけません
・気に入らない点やおいしくないモノへの感想は、店の外に出るまでガマンしましょう

〈座席指定のフォーマルパーティの場合〉

・イスには左側から座りましょう
・フォークやナイフは外側から使っていきましょう

・なぜかフォークやナイフが足りなくなったら、ウェイターを呼びます
・フォークやナイフを落とした場合も、自分で拾わず、ウェイターを呼びます
・大声は禁物。ウェイターは静かに呼びましょう
・魚は裏返さずに食べましょう
・肉は左側から食べる分だけ切っていきましょう
・食べ終わったら、フォークとナイフを皿の上でそろえましょう
・ナプキンを軽くたたんだ後（きれいにたたまないように）、静かに退席しましょう

ここで紹介したものは、きわめて基本的な常識にすぎません。礼節の基礎です。しかし、基礎さえできていれば、あとは慣れと経験でしだいに常識力が磨かれていきます。せっかく仕事で積み重ねた実積や信頼を、つまらない失敗で台なしにすることがないよう、いま一度、おさらいしておきましょう。人生の本番はこれから。いまならまだ間に合います。

人生戦略会議

20 ～ 40 代の男女、11 名の構成員からなる「人生設計」を考える会。仕事にしろ、結婚にしろ、住まいにしろ、ありとあらゆるライフスタイルが変化しつつある中、「ふつうの幸せ」を手にいれるためのちょっとした知恵とコツは何かということを、日夜調査、研究、報告し続けている。
著書に『図解 28 歳からのリアル』『35 歳からのリアル』『35 歳からのお金のリアル』『図解 35 歳からのお金のリアル』『年収 700 万円のリアル』『40 歳からのリアル』『新版 28 歳からのリアル［マネー編］』（小社刊）などがある。

本書は、2008年3月23日に小社より発行された
『新版 28歳からのリアル』を改訂・改稿し新装化したものです

〔文〕池田武史　伊達直太　〔編集協力〕山崎潤子
〔装丁〕奥定泰之　〔本文 DTP〕NOAH　〔校正〕鷗来堂

WAVEポケット・シリーズ8

28歳からのリアル

2017年3月25日　第1版第1刷発行

著　者　人生戦略会議
発行者　玉越直人
発行所　WAVE出版
〒102-0074 東京都千代田区九段南 4-7-15
TEL 03-3261-3713　FAX 03-3261-3823
振替 00100-7-366376
E-mail : info@wave-publishers.co.jp
http://www.wave-publishers.co.jp

印刷・製本　中央精版印刷

NDC361 191p 18cm ISBN978-4-86621-033-9